QIAN
JIAOYU
JIAJIAO
MOFANG

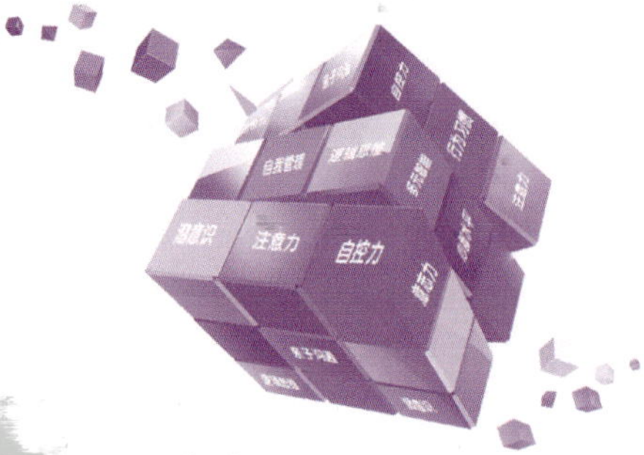
注意力
自控力

潜教育
家教"魔方"

房德康
张 婷
著

江苏大学出版社
JIANGSU UNIVERSITY PRESS
镇 江

图书在版编目(CIP)数据

潜教育：家教"魔方"/房德康,张婷著. —镇
江：江苏大学出版社,2017.12
ISBN 978-7-5684-0651-2

Ⅰ.①潜… Ⅱ.①房… ②张…Ⅲ.①家庭教育
Ⅳ.①G78

中国版本图书馆 CIP 数据核字(2017)第 307804 号

潜教育：家教"魔方"
Qian Jiaoyu：Jiajiao "Mofang"

著　者/房德康　张　婷
插图设计/潘　枫
责任编辑/李经晶
出版发行/江苏大学出版社
地　　址/江苏省镇江市梦溪园巷 30 号(邮编：212003)
电　　话/0511-84446464(传真)
网　　址/http：//press.ujs.edu.cn
排　　版/镇江文苑制版印刷有限责任公司
印　　刷/虎彩印艺股份有限公司
开　　本/718 mm×1 000 mm　1/16
印　　张/13.25
字　　数/230 千字
版　　次/2017 年 12 月第 1 版　2017 年 12 月第 1 次印刷
书　　号/ISBN 978-7-5684-0651-2
定　　价/38.00 元

如有印装质量问题请与本社营销部联系(电话：0511-84440882)

序

所有的父母扪心自问:有多少责备、威胁、训斥等不和谐的音符伴随孩子长大,悦耳的音符让人赏心悦目,生活中的我们却很少去弹奏美妙的旋律,那是为什么?

孩子是父母的影子

孩子从婴儿长大成人,父母付出了巨大的劳作,也品尝了教养的"味道"。回味孩子成长的点点滴滴,就像一部富含酸甜苦辣的长篇小说,说不完道不尽。孩子就是父母的影子,像父母精心打造的一件"作品",但是因为教养的不同导致"作品"优秀程度的不同。

如今看到儿子终于长大成人,自己也是百感交集,对教养的"味道"细细回味,探究教养内涵、回忆往事、联系当今教育理念,作者把内心的感想、感受、感悟无私地分享给千千万万个读者,特别是打算备孕的家庭所有成员和已经有孩子的家庭成员,早点了解教养的"味道",尽可能少吃苦,少走弯路。

调皮儿子逼着我不断学习

我从事教育工作近40年,也是一位普通的母亲,为了儿子成长成才学习了一辈子,从而对孩子教育话题充满热爱。在伴随着儿子成长的28个春夏秋冬里,经历了坎坎坷坷,品尝到教养儿子的酸甜苦辣。

我的儿子小时候在大家眼里是个"大皮王",老师眼里他是个捣蛋王,就连儿子自己也给自己贴上标签"我是差生",这句话像针刺痛我的心。作为母亲的我不服输,我得知世界著名大教育家蒙台梭利能把平民区的流浪儿变成所谓的"神童",引起世界教育界的瞩目;教育家卡特能把出生时被认定弱智的儿子培养成为出类拔萃的优秀学子,这些著名的案例给了我信心和勇气,我也坚信儿子一定会越来越好。

不经意我从机械电子转行研究孩子教育

我是工科出身,大学学的是机械电子专业,以前对教育一窍不通。有了会闹的儿子,我开始关注孩子教育,我坚信一定能把"皮王"儿子培养成为好学生,我不断学习,广泛阅读各类书籍,自学医学常识和发展心理学、教育心理学、实用心理学,以及世界著名教育家蒙台梭利、斯宾塞、卡尔·威特、斯特娜、木村久一等的教育理论。

系统学习心理咨询技术,考试获得国家劳动部颁发的国家二级心理咨询师资质证书。利用节假日和业余时间经常自费外出学习亲子沟通技术、参加国际著名婚恋专家黄维仁博士的亲密之旅课程、实用催眠等课程。我通过理论联系实际,掌握了一些教育孩子的方法。

为了儿子创办"快乐学习成长小组"

儿子上小学时,怕写作文、上课注意力不集中,为此我苦思冥想,想到一个好办法,自己创办"快乐学习成长小组",将儿子的同班同学及自己同事家的孩子(年龄相差 1~2 岁、10 名左右)利用周末时间组成学习小组。为了吸引孩子们,我每次都会营造开心的学习气氛,所以将这个小组命名为"快乐学习成长小组"。他们相互帮助、相互促进,取得了很好的成果,形成了独特的快乐学习方法。其后,我不断地深化内涵,用多元智能理论加以提高,研发了《多元智能组合》教案和学习手册,受到市场的认可。

淘气的儿子总算搭上点优秀的边

在儿子的整个成长过程中,我和先生都付出了汗水,最终也得到了安慰,在学校,小学老师说:你家儿子充其量是个中等生。中学老师说:你家儿子太不用功了,整天风风火火地坐不住,难成大器。不管别人怎么说,我们自己坚信儿子会有出息,绝不放弃!儿子现已长大成人,研究生毕业时,在上千人的人才引进考试中面试第一名,在某市组织部工作一年被引进到某市级机关事业单位工作。可以说我的儿子的教育是一个既艰难又成功的个案。为了让广大读者充分吸取培养孩子的经验和教训,作者做了有心人,搜集了儿子及其很多同伴的成长经历,还有十多年来的诸多案例,从父母教育、家庭环境、价值观及失败教训等角度,希望通过阐述一群孩子的人和事,表达鄙人教育的一些理念和教训,给年轻的父母和辛苦的长辈们提供一些借鉴,少走些弯路。

可怜天下父母心

每个父母都希望孩子健康成长，他们无论是贫穷还是富裕都愿意把最好的给孩子。中国式家庭的特点是，以孩子为轴心，围着孩子转，但是很多父母没有想到他们种下了不良的种子。这几年不断从新闻媒体得知了一些家长的悲惨遭遇，触目惊心：一位母亲家境困难，已经为儿子筹备婚礼花光了一辈子的积蓄，当最后无力支付儿子结婚彩礼钱时，含着泪对儿子说"妈已实在没钱了，你再要的话，妈只有死路一条了"，没想到她儿子说"那你现在就去死啊"，母亲从自己家五楼阳台跳下当场死亡。另一位母亲也是因为付不起儿子在国外的留学费用，去机场接儿子时被儿子连捅几刀。

教育失败的案例需要我们如何思考

这些痛心的案例给我们启发和思考：孩子生下来都是单纯可爱的，为什么长大后结果不同？为什么很多孩子在学校有暴力倾向？为什么有些孩子多动，思想不集中？为什么有些国家的孩子早独立？为什么很多独生子女长大成人后还在啃老？这些问题都归集为教育。

爱孩子的不等式是什么

爱孩子不等于无条件溺爱孩子；不等于总是以物质奖励孩子；不等于总想控制孩子；不等于总想着给孩子报很多辅导班；不等于包办孩子的一切事物。

儿子给了我写书的动力

每当我在和同事朋友分享教育话题时，儿子总是建议我写本教育孩子的书，我半开玩笑地对儿子说，你愿意被妈妈"出卖"吗？儿子开心地说：我不怕啊，让更多的孩子得到帮助是做善事啊，我支持老妈写好书，我愿意做你的真实案例的主人翁。近几年来在家人和朋友们的鼓励下，我反复思考，在脑海里回忆儿子、同伴以及自己经历的心理咨询案例，搜集点点滴滴育儿心得和自己教育孩子的经验教训，通过阅读大量的教育类书籍，为写好本书做了大量的前期准备工作。

感谢各位朋友给我鼓励和支持

在此我要特别感谢江苏省中学语文特级教师、江苏省人民教育家培养人选、南通义务教育研究室主任、正高级教师、教育专家李凤对我的启发和推荐；感谢江苏大学高教研究所所长、中南大学兼职博士生导师曹辉教授的指教；感谢镇江

市江滨幼儿园园长、高级教师、镇江市十佳教师、"茅以升家乡教育奖"优秀教师朱晓云老师的关心;感谢江苏大学教师教育学院心理学资深副教授周龙影老师的鼓励;感谢连云港幼儿教育名师、学科带头人李学侠高级教师的幼儿经验分享;感谢我的大学同学、出版著作能手胡斌老师(已出版百本以上著作)对我的鼓励;感谢我所有学生的代表、博士生、青年教师邵霞老师协助搜集意见;感谢好朋友、国家二级心理咨询师、婚姻家庭咨询师、公共营养师张文茜女士给我的很多帮助;还要感谢我的先生和儿子的支持鼓励;最后感谢我的很多同事、同学、朋友,他们为我的拙作能顺利完成,给予了很多鼓励和建议。

我对本书的期望

我为本书设定的目标:家长朋友们阅读本书后能够得心应手地与孩子互动、游戏,掌握教养孩子的实操技能,提升自己的亲子沟通能力,同时学会调控自身的情绪状态。像书名一样:潜教育——家教"魔方",通过阅读本书,期望家长们创设幸福和谐的教育模范之家,在快乐的氛围中养育孩子。

期望读者的范围更大些,不仅孩子的父母,长辈们、未婚情侣也要阅读,全家总动员,共同掌握教养孩子的常识、理念、方法,为培养"人见人爱""品学兼优"的好孩子尽培养人的最大责任和义务。

2017 年 12 月 8 日

目录

第一篇　潜教育基本功

引　言

※ 潜教育是和孩子们快乐相处时,无声的潜移默化的思想引领

※ 对提升孩子们的各项技能,潜教育比显教育更能够发挥功效

※ 高质量地陪伴孩子是最好的潜教育,家庭是潜教育的练兵场

※ 挖掘孩子无限的潜能,社会、学校和家长承担着共同的责任

※ 父母积极或消极的言行影响着孩子的潜意识,效果截然不同

第二篇　潜教育真功夫

引　言

※ 生活中练就潜教育基本功,真正贴近孩子,了解他们内心世界
※ 正面管教是不惩罚也不骄纵,在善意和坚定情境中教养孩子
※ 潜教育要求亲子沟通接地气,家长诚信和尊重孩子至关重要
※ 家长教育孩子前调整好情绪状态,对引导孩子觉察成效显著

第三篇 潜教育实操技能

引 言

※ 让孩子像风筝一样悠然自得地在父母的掌控下自由地飞翔
※ 父母抓住手中的风筝线就是抓住了孩子们的良好学习习惯
※ 孩子是父母的影子，发现孩子问题就是发现自己的问题
※ 遵循孩子身心健康特点，以快乐游戏为抓手全面提升心智
※ 通过阅读、记忆、演讲、写作、逃生训练等，夯实孩子们的基本功
※ 每一次相聚都是心灵的碰撞，全面高效提升孩子的心理素质

潜教育基本功

引 言

※ 潜教育是和孩子们快乐相处时,无声的潜移默化的思想引领

※ 对提升孩子们的各项技能,潜教育比显教育更能够发挥功效

※ 高质量地陪伴孩子是最好的潜教育,家庭是潜教育的练兵场

※ 挖掘孩子无限的潜能,社会、学校和家长承担着共同的责任

※ 父母积极或消极的言行影响着孩子的潜意识,效果截然不同

第一单元

认识潜教育 >>>

Part 1 潜教育的内涵

1. 理解潜教育和显教育

潜教育就是潜性教育，是一种无意识的方法论教育。相对显教育来说，潜教育是一种延伸或补充的教育。应该说，潜教育是与显教育并驾齐驱的教育模式。

首先认识下"显"教育。所谓"显"教育，就是按照传统，以教师授课、学生听课的常规模式传授知识。对学校各年龄段孩子的显教育体现在课程设置、教学目标以及按照拟定的教学大纲进行授课等方面。

显教育在生活中随处可见：孩子在学校犯错误，老师批评管教；孩子在家里不听话，父母教训孩子。显教育通常有以下几种管教模式：

（1）总是批评孩子不该怎样怎样；

（2）直接用暴力手段体罚孩子；

（3）直接用过激的语言骂孩子；

（4）指出犯错误的原因，再训斥；

（5）态度和蔼，耐心为孩子分析他犯错的原因；

（6）当时不着急批评，但尽快设定与孩子犯错相关的生活事件和细节，让孩子再次体验对与错，避免今后再犯同样的错误。

以上六种管教形式中，前四种属于显教育，第五种是显教育到潜教育的过渡，最后一种就是潜教育的体现。可以想象，只要一开始家长就运用潜教育进行教化，一定能获得理想的效果。但是，潜教育不能急功近利，需要一个过程，然而，效果是长期的。

家长运用潜教育的方法引领孩子，通过自然的生活状态、生活场景、生活细节，潜移默化地用自己的教育理念、希望达成的目标自然而然地感染孩子，锻炼孩子的意志力，提升孩子的综合能力，这就是实施潜教育的过程。孩子们在不知不觉中受到教育和启发，就是受到了潜教育的影响。

老师和家长都希望孩子好,进行管教是理所应当的事情,他们多运用显教育的方式(例如前四种典型模式)。显教育中,教育者(老师、家长们)的教育意识、教育目的、教育内容、教育方法、教育对象、教育的目标都相当明确,受教育者学习的意识也相当明显。

追溯历史,春秋时期孔子所创的师徒面授的显教育形式已经很成熟了。据历史记载,孔子有七十二门徒,《论语》有云,子贡问曰:"孔文子何以谓之'文'也?"子曰:"敏而好学,不耻下问,是以谓之'文'也。"意思就是,子贡问孔子为什么给孔文子一个"文"的谥号呢? 孔子答道:他聪明勤勉好学,不以向比他地位低下的人请教为耻,所以给他个谥号"文"。

历代名流都是通过阅读经典古籍而终成一代大家的。这种有意识地教、有意识地读、有意识地培养人,使我国的显教育源远流长,代代相传。

2. 潜教育和显教育的统一

"潜"和"显"从词义上看是相反的意思,但对于教育而言,两者应该和谐共同发展。显性教育是一种有目的、有意识的智能性教育,而潜教育是一种无意识的自然性教育。显教育着重按照预先设定好的内容理性地传授与接受,潜教育着重强调在未知状态下感性地体验和领悟。

潜教育和显教育是教育的良性结合,两者关系密切,区别明显,但也相辅相成,互为补充,应该成为当今社会教育体系中齐头并进的教育体系。例如:家长批评孩子犯了错误(显教育),孩子不明白,需要家长在事后帮助解惑,提升认识(潜教育)。

当代著名文化学者、北京师范大学博士生导师于丹,善于思考教育,追求内在的潜教育,对于自己的女儿的教育也很有想法。她认为让一个人有尊严、自由地成长,是我们的一种期待和期许。她曾说过:有时候我看着女儿练琴、跳舞或者画画,我就很欣慰,我一点都不要求她在专业上能有多大成就,她只要能在里面找到一种快乐的能力就足够了,因为有了让自己快乐的能力就不会因为没钱而被剥夺,一个人只要一息尚存,就有本事让自己快乐起来。"

于丹说这段话的主要内涵是:一个人让自己快乐起来也是一种能力。而当下社会中,人们却忽略了对孩子寻求快乐能力的培养,只片面追求分数,不管孩子是否快乐。

在成长过程中,孩子身上的快乐因子真的很重要,能决定他的未来生活幸福

与否。我们是否能像于丹一样,做到尊重孩子的人格,给孩子充分的自由呢？显教育是在众多的规矩下进行正面管教；而潜教育是在尊重人性、保护尊严、崇尚自由的理念下实施的。

3. 潜教育相对显教育效果更显著

探究和比较显教育和潜教育的社会性教育效果,便可明显看出潜教育的效果更好。因为它是一种全面的教育,深入细致的教育可能成为永恒的记忆式的教育。

当今社会的教育大趋势是希望教育潜性化,就是强调潜性教育思想理念的推广、延伸,也可以说是潜性教育观的推广应用。

潜教育是一种渗透式教育、包围式教育、感悟式教育,更是持久式、记忆式教育。大家看到这几个因素,自然在心里就有了评判潜教育和显教育效果的标准了。

从教育的视角看,潜教育是一种深刻的教育法。家长在教育孩子时,尤其要注重社会性的自我觉察教育、启发式教育、共情式教育、潜移默化式教育,这些对孩子们成长是最重要的。

学校的教育基本上是显性教育,主要培训的是学生的智力和一部分情商,而很多心灵方面的教育只能依靠社会和家庭的潜性教育完成。

每个人在面临新事物的时候,首先会调动自己以往的经历和回忆来认识和判断。在外力强制性学习过程中所获得的知识常常不牢固,不能形成永久的记忆,当外部的环境变化,知识点就记忆模糊了。例如：学校通过考试让学生强记一些知识点,通常考完学生便又把知识还给了老师,这些都是显教育的不足之处。

只有通过主动地、有兴趣地学习才能更加深刻地学习、记忆和理解知识点。这些都是潜教育的优势所在,所以称潜教育是一种浸泡式教育、包围式教育、重复式教育、体验式教育、体悟式教育。客观地说,这样的教育更有意义、更深刻,效果也会相对于显教育更加明显。

当明白了潜教育的重要性后,家长要亲自实践,并与孩子们交流沟通。把正确的理念贯穿在与孩子们的游戏玩耍过程中。当孩子们获得快乐和愉悦感后,脑部神经系统就会自然而然地接受父母正面管教的思想能量。

日本著名教育家铃木镇一指出,"跟同学、朋友一起玩应该当作一种能力来培养"，人类的很多能力、意识、精神、知识都是在跟玩伴的游戏中获得的，而获得的这些经验和知识往往会决定人的一生。

广大家长朋友们认可了这一观点，就要有意识地强化孩子们社会性的自我教育和自我认识、自我反思、自我提升，这样就能帮助孩子们自然快乐地成长、成人、成才。

Part 2 潜教育是素质教育的基石

人们常把素质教育挂在嘴边，但对"素质"一词的内涵可能不是十分了解。"素质"本是心理学的一个名词，指人先天具有的某些解剖学和生理的特性，主要是指人的先天感觉器官和神经系统方面的特性及运动感官的特性。素质是心理反应的认知。一个人的素质在胎儿时就已经在逐渐孕育了。

1. 潜教育是最好的素质教育

潜教育是人在一生中都要进行的教育，应纠正过去那种"孩子小不懂事，等孩子长大后再去管教"的思想。其实，不仅要从小教养孩子，还要提前到生命诞生前做准备，即在最佳状态下备孕。

我在 2016 年出版的著作《"潜"教育："玩转"孩子》中特别提及母亲怀孕时"宫内环境"的重要性。"情绪胎教"作为当下的一个新名词，要引发年轻人思考：如何给孩子一个完美的人之初。科学研究表明，准爸爸和准妈妈对孩子是否健康聪明起到一个决定性作用。准妈妈如调控自我情绪，创造出宁静愉悦的心境，可以通过自己的神经递质作用，促使胎儿的大脑神经系统良好发育。当下世界各国科学家的研究成果表明，孕妇的备孕和胎教，对于孩子出生后的性格、智商、情商等都极为密切。

通过以上分析可知，心理素质的确定无法与生理基础截然分开。当今的素质教育已经引申为一个人全面发展成长的内涵，人类在后天生存的过程中，自然生活和生命成长就是教育的全过程。

世界著名的意大利教育家蒙台梭利的早教理论，如《有吸引力的心灵》《童年的秘密》等著作，充分阐明了家庭教育对孩子的早期教育产生的积极影响；世界著名的英国教育家斯宾塞的《快乐教育全书》，深刻揭示了孩子学习知识时快乐愉悦状态的非凡意义；美国著名教育家斯特娜的《自然教育全书》，探讨了自

然生活对人进行教育最为有效的内生机制,即潜性教育是促进人类素质不断提高的重要教育方法;德国著名教育家卡尔·威特的《卡尔·威特的教育全书》深刻阐明了孩子的潜在能力,以自己先天不足的儿子小卡尔·威特成长为一个公认的"天才"的事例,让世人知道,不管什么样的孩子,只要家长不离不弃,有信心并进行早教,都可能成才。

素质教育作为现代学校教育的一个既定目标,其基本内容与方式是确定的,与之配套的就是潜教育。潜教育是实现素质教育的一个重要方法和途径。

潜教育是实现素质教育的基石和重要途径。一个人有很多综合能力,成乔明的著作《潜性教育论》中,权衡一个人适应社会的综合能力使用了八大商数:智力商数(IQ),善于思考,能独立分析问题和解决问题的能力;情感商数(EQ),自我认识、控制情绪、激励自己,以及善于处理人际关系,尤其是团队意识的能力;精神商数(SQ),价值观念导向正确、分辨是非、不为钱所困的能力;行动商数(PQ),办事效率高,做出决定立即行动,做出承诺立即兑现的行为能力;胆魄商数(DQ),有敢于冒险的精神,胆量和胆识的度量;逆境商数(AQ),面对逆境时,克服困难的抗挫折承受能力;平衡商数(BQ),能综合平衡自己的各种商数的能力;控制商数(CQ),全局意识,对自己大脑的立体网络思维和掌控能力。

综上所述,学校只能通过显教育对智力商数项和部分情感商数项发挥良好的作用,其他的商数项都需要通过实施社会的潜教育来加以提高,更加证明了潜教育的重要性。

2. 陪伴孩子是最好的潜教育

即便拥有再好的设施和条件,再好的食物,但如果没有父母的陪伴,父母不在孩子身边给予他们最渴望得到的爱,孩子也只是一个精神上的"孤儿"。

家长没有陪伴孩子对孩子造成的结果很严重。有的父母为了事业只管生孩子,生下就交给别人抚养。缺少父母关爱的孩子的童年是不完整的,他们内心的缺口可能一辈子也无法弥补。

例如我的一位朋友的亲身经历:她忙于工作,女儿6个月就断奶了,放到农村爷爷奶奶家寄养,女儿2岁才接回身边。刚开始她没有发现女儿有异常,等孩子5岁时才发现女儿不愿意说话,上幼儿园也不听老师讲课,故事也学不会。我的朋友开始着急,带着孩子到处看病,医生说是自闭症。到现在,女儿已经12岁了,智力低下,不能正常上学。我朋友回忆,孩子小时候经常说"我怕、我怕",问她怕什么也问不出结果。孩子成长过程中的每一个时期都非常重要，父母一定要给予他们足够的陪伴。

再例如：有一位知名的作家与母亲水火不容的故事。母亲因为忙事业，在这位作家一岁多时就将他送到全托的保育院，作家两个礼拜才能回一次家，甚至一个月才回一次家，有时生病了也见不到妈妈。有一次作家得了阑尾炎，要做手术，他感到很孤独和害怕，心想这次母亲肯定会来陪伴他了，他期待着母亲的陪伴，最后却失望了，家里没有一个人来陪他做手术。作家内心痛苦万分，他想：为什么我父母双全，却成了事实上的"孤儿"，父母连一个小时都不愿意从工作中抽出来陪陪我？到底事业重要还是我重要呢？作家百思不解，幼小的心灵里积压了怨恨，隐藏了几十年，最后等到他的父母都当了爷爷奶奶才感到自己过去亏欠儿子的太多了。但是，为时已晚，作家始终无法原谅母亲过去对自己的冷漠。

最让人心痛的是，作家小时候居然幻想自己不是爸妈亲生的，而是国家的工厂用机器专门生小孩儿，生下来分配给父母认领，然后放在保育院共同抚养。这种荒谬的想法是他心灵伤痕造成的，也让人们感到十分痛心。

父母若是一心只顾工作，生下孩子就不闻不问，在孩子最渴望爱、渴望陪伴的时候，让他们一次次失望，那么在孩子幼小的心灵里，父母的角色就会变得模糊不清。

当下社会出现年轻的"手机党"一族：他们有自己的父母帮助带孩子、做饭，不用做家务，回到家里吃完晚饭，就加紧看手机，或打游戏。当孩子吵着要父母陪伴玩耍时，年轻父母就对孩子说"乖乖，不要吵，自己玩去吧……"

因为社会上"手机党"父母们不懂得给予孩子爱和陪伴，不断留给世人以惨痛的教训：有的年轻父母回家不理孩子，等发现孩子有自闭倾向，才到处求医；有的家长下班就玩纸牌、打麻将，孩子身心受到伤害，学习落后。孩子在成人后心理出现偏差，损失惨重，就像前面那位知名作家，虽然他事业成功，但一辈子也不愿意原谅母亲，他心理上留下的伤痕难以修复，他的母亲也痛苦一辈子，也许会带着遗憾离开人世。其实这是长辈和晚辈在心理上双向抛弃对方，错误是长辈造成的，苦果却由两代人来承担。

3. 高质量陪伴更是潜教育

亚洲首富李嘉诚说过：一个人事业上再大的成功也弥补不了教育子女失败的缺憾。

2017 年是香港回归 20 周年,出了位女特首林郑月娥,也是第一位女性行政长官。2017 年 7 月 1 日,中央电视台播出了对她的专访,让人们感动的是,她虽然身居高位,但始终不忘自己母亲的角色。两个儿子小时候都是她亲自照顾的,她说陪伴孩子成长比其他任何事情都重要,她的育儿观念是八个字:陪伴是最好的教育。

陪伴孩子,哪怕是和孩子做游戏、看电视、聊天、散步,随意的举动都是自然的情感交流沟通。这些和孩子相处的方式正符合潜教育的内涵,是一种无为的、无痕迹的、无意识的、潜移默化的、自然实践的教育。当父母的高质量的陪伴,让孩子们感受到父母的爱时,就会潜移默化地接受父母传授的一些正能量。像林郑月娥的两个儿子就非常优秀,都毕业于英国剑桥大学,这就是潜移默化的影响。

孩子成长旅程中需要一盏灯,特别是在孩子小的时候,来自父母的那盏灯发出最明亮的光,会把孩子的心灵照得更加温暖和明亮。没有父母的陪伴,孩子会感到迷茫、失落,也容易走弯路。

其实,父母不需要有从众心理,给孩子报各种热门的培训班,退一步说,即便要报名也要挑孩子感兴趣的;父母能给予孩子无私的爱、挤时间陪伴就已经很好了。孩子的成长是不可逆过程,他们会很快长大,不可能原地等父母来关爱。当父母忙完工作突然想弥补孩子一个拥抱时,孩子的渴望因为一次次落空,已经变得麻木,这时一切为时已晚。孩子不是父母的玩具,想起来就玩一玩,不想要时就丢到一边。孩子像花朵一样有花期,开花时你不看,很快就凋谢了。

美国前总统奥巴马坚持每晚和女儿共进晚餐,就连长达 21 个月的竞选中也没错过一次女儿的家长会。

一家人围在一起吃饭、聊天,其乐融融的良好氛围也是潜教育的最佳环境。父母可以通过聊天将人类积极的、正能量的信号释放给子女,同时彼此心灵都是敞开的,信息场域是畅通的,信息交流处于最佳状态,子女最容易接受来自父母的正能量信念。

有的父母和孩子共阅读、共思考、共辩论、共商量,共同寻找学习和生活的乐趣。在这种环境下成长的孩子,除非先天生理性因素,绝大多数都能成长为优秀的孩子。事实证明:很多高考状元都是在和谐的家庭生活中,得到了父母精心的陪伴。

当下,社会上普遍存在的问题是:父母陪伴孩子的时间远远不够,孩子身上很多不良习惯和问题,其实折射出的是父母的问题。父母回到家,带着一天工作的疲惫，带着烦躁、焦虑的情绪，面对孩子的纠缠和家务事，往往会把怨气撒到孩子身上。孩子快乐的心情一下子遭到打击，就像一盆冷水把孩子的心浇得透凉。长此以往，孩子会在失望、迷茫的心境中成长，久而久之会产生心理障碍，有的孩子甚至会出现一些不良行为。

高质量地陪伴孩子，其实是一个综合的问题。父母要从思想上认识到陪伴孩子的重要性和必要性，妥善处理好工作、家务和生活的关系，很好地调节自己的情绪状态，就会自自然然、心甘情愿地陪伴孩子做游戏，和他们在一起讲故事，快乐地玩耍，享受和孩子在一起的快乐时光。

特别要注意的是：家长如果没有足够的思想准备，为了陪伴而陪伴，带着烦躁的情绪，可能会在不经意间伤害孩子，导致的后果可能比没有陪伴更不理想。

因此，普天下的家长朋友们要把自己调整到最佳情绪状态，保持愉悦的心情去面对孩子，也要减少自己的娱乐时间，多陪伴孩子们。多陪伴一小时，将来孩子会给你百倍的回报。千万不要被所谓的工作、事业、商务应酬冲昏头脑，少了这些，多了陪伴，等孩子成为优秀的人才，你们一定会由衷地感到自豪。

Part 3　潜教育现状及其问题探究

当今社会，潜教育已经被越来越多的人所重视，特别是国家教育部门也在不断地推广和应用潜教育。很多孩子的家长明明深知潜教育的优越性，却不能对自己的孩子在潜教育方面下功夫。

1. 潜教育发展不平衡

我国潜教育发展缓慢的原因归纳有以下几点：

（1）学校对潜教育重视不够，对潜教育内涵了解不深；

（2）潜教育资源匮乏，学校扩建后师资力量不足；

（3）在功利教育的冲击下，家长的潜教育意识不强；

潜教育：家教"魔方"

（4）政府教育部门受教学评估的影响，功利思想较重等。

现在围绕这些问题进行分析，首先要解决的是对潜教育理念的更新。这个问题目前在学校层面还没有被意识到。学校本身隐藏了大量的潜教育资源，教师们却没有建立对孩子进行潜教育的理念，对潜教育的目的性不够明确。

学校方面缺乏宏观的整体性教学计划，普遍重视显教育，对课堂上书本知识的讲授高度重视，却忽略了课堂上和课后潜教育资源的利用。学校经常高调地说要提高学生的综合素质，也有素质教育的年度计划，但是始终较为空洞，没有完善的、具体的、全面的、均衡的、科学的、整体性的潜教育的教学规划。

久而久之，老师累、家长累、学生更累，因为学生被沉重的教育任务压得喘不过气，当孩子们很多自由时间被学校布置的作业和培训班时间占用时，当孩子失去了内在学习的动力时，当孩子的学习兴趣在不断下降时，他们就成为了单纯的"考试工具"，失去了孩童时代的"灵气"，因此他们过得不快乐，有的孩子还出现了行为偏差。孩子们的苦谁能理解？

家长面对孩子的不良行为表现不能理解，开始抱怨学校的教育，其实归根结底，是由我国学校教育偏重于应试考试所决定的。

每年都会有新闻报道，某某孩子自杀，有的孩子还会留下片言只语。前不久我看到网上一位孩子自杀留下的遗书，看了后让人心痛。孩子写道：爸爸妈妈我很累，不想每天就是拼命完成作业，感觉永远也做不完作业了。考试后，老师就在班级报分数，自己总是倒数，每次就怕你们骂，惹你们生气，我想好好的（地）睡，不想起来了……社会上发生的这些活生生的悲剧留给我们深深的思考。

分析上面个案：如果运用潜教育培养孩子，这个孩子的学习效率不可能那么低。别的孩子能完成的作业，他为什么每天都无法完成？如果实施潜教育，早早对孩子进行生命教育，孩子的抗挫折能力也会加强；而如果父母多懂点亲子沟通技术，也能察觉孩子的异常行为，了解孩子的感受，及时发现孩子的思想倾向，阻止悲剧发生。

现在还有一个普遍存在的现状：家长为了孩子学习耗时、耗钱、耗精力，孩子做作业磨蹭,平时的各项能力,包括阅读、表达、写作能力都不理想。在学校里一个老师面对一个班的学生,上课提问也只能涉及少数学生,对每个孩子的学习掌握情况不能全面了解,而书本知识的传授方式,让孩子们在老师引导下获取知识,没有时间去独立思考和创新,这是当下很多家长共同苦恼和急需解决的问题。

如果运用潜教育,把孩子自身的巨大潜能挖掘出来,利用学校教师的权威形象教会孩子们掌握很多学习的技能,让孩子们的学习变得轻松,孩子们有了兴趣,多了玩耍的时间,自然他们的学习成绩也会提高。

学校老师和家长作为教育者,需分析孩子已经掌握了哪些知识点,而无须课后再重复劳动,布置重复无味的作业,多把时间留给孩子们自由快乐玩耍;要因材施教,因需施教。

2. 社会潜教育资源优于学校

当下社会潜教育资源很丰富,社会是实施潜教育最重要的主体,也是最重要的场所和平台。社会实施的大众教育、全民教育是自然的社会实践,是无为教育,虽然很多事件都与教育有关,但并非为教育而生。我们应把潜教育当作是自然之教、实践之教、体验之教,培育潜移默化的教育理念。

社会潜教育渗透在生活各个方面,主要是通过社会的自然运行、生活的自然强化而自我萌生出教育效果,不是刻意为教育而发生的,这凸显出潜教育的自然性和随意性,也就是说潜教育不是为了有目的的教育而产生的刻意的教育。

社会上各种培训教育机构以素质教育为名所开展的一些培训教育,有的还是属于显教育的范畴,因为都是些有目的、有计划、有意识地为教育而进行的教育。

人是社会的产物,离不开社会的熏陶。可以把社会潜教育比作一个大缸,巨大的社会气息如同水充满大缸内,人就如同里面的鱼虾,离不开水,离水就面临死亡。

美国在社会潜教育方面起步早,成就也令人瞩目。很多学校运用潜教育引领孩子成长,有的学校课堂是开放式的,孩子们可以自由走动,可以挑战教师的权威,有的甚至和老师有肢体动作接触;课堂讨论氛围浓郁,课外生活也随意,学生回去不用做很多作业,不用预习,不用经常考试,孩子们根据自己的兴趣爱好自行选择阅读书籍,过得很愉快。

中国是世界人口大国，由于目前仍属于发展中国家，还存在一些不足和问题，如竞争不规范、贪腐渎职、公民权益保障等。应试仍然是我国一种最基本的人才评价方式。

应试教育带来很多社会教育矛盾：择校的矛盾、师资队伍缺乏、教育水平能力不够强大、家长功利思想严重、学校占据孩子们过多娱乐时间，以及家庭给孩子们报各种培训班，挤占了孩子身心自然成长的空间。

3. 探究潜教育内涵

当真正了解了潜教育内涵，就应该意识到潜教育能够深入人心，我们浸润在一个科技日新月异发展的氛围中，一个周围有很多正能量的事物刺激视听等感官、触动心灵的潜教育氛围中。每个孩子都是社会"独立人"，可以自觉地学习，从现代社会的网络、电视媒体、电话手机、报刊书籍、娱乐活动、社会实践等各种不同的渠道中涵养精神，从与家人共同劳动、聊天、阅读、外出活动等各种多元、多层的身心触动和情感领悟中孕育完善的人格、良好的品德等。

教育者要意识到，自由活动和自由环境中其实已经隐藏了更为本真的生命教育与自我教育的资源，只是要加以实践。要呼吁社会、学校和家长多给孩子们真正意义上的自由时间，哪怕是玩沙子、打水枪、玩泥巴，甚至在家里"搞破坏"，都会让孩子有收获——收获大自然的精华，最关键的是孩子们快乐了。

潜教育对所有孩子都有最好的、最早的能力训练。别以为孩子小，就觉得他们什么也不懂，千万不能小瞧孩子们的学习能力。连小婴儿每时每刻都在不断地成长、发育、完善。每天家人在和他们的接触中，通过声音、图像、景物、光线等对婴儿的大脑给予刺激，把他们身体的各项功能激发出来。假设把一个小婴儿放在一个没有声音、没有光线的环境中养育，那么孩子的大脑神经细胞就不能被激发，会导致孩子发育不全，视觉和听觉功能包括大脑思维都会停止发育。

现在我们都知道，一个月大的婴儿可以盯住眼前缓慢移动的物件；两个月大的婴儿能准确估计物体与自己的距离；三个月大的婴儿能识别并区分自家亲人……

孩子身体各方面功能发展得非常快，潜教育的空间也非常大，因为潜教育是无意识的教育，所以越小的孩子越能在无意识的状态下接受教育。潜教育的优势在于它是一种全面的、无痕迹的、无为的、深入式的教育，会形成永恒的记忆。

生活中这样的事例太多，我1岁时家里发生的一件事过了50多年我都历历在目，连人物的容貌、声音都能回忆起。曾经我一直觉得这是一个梦，当父亲证实了这件事的确是真事时，我感到不可思议。但是现在我自己研究潜教育后就不觉得神奇了，这证头了潜教育是一种无意识的教育。

和我有同样经历的人很多，很多孩子对小时候甚至不会说话时发生的事记忆犹新，但对懂事后学校教育的知识却容易忘记，这是因为被强迫学习获得的知识容易忘记。很多孩子小升初、中考、高考前拼命地死记硬背知识点，考完试就忘了很多。

因此，广大的家长朋友一定记住，潜教育是一种沉浸式、体验式、领悟式、无意识的教育，这种状态下教授的知识会形成烙印，产生持久的记忆效果。

Part 4　潜教育的经典故事

1. 孔子的故事

中国的孔子（公元前551—前479）出生在公元前6世纪中叶，即中国历史上的春秋时代中期。当时的中国，社会生产力有了一定的发展，生产工具的进步使得社会发生了巨大的变革。广大的人民需要学习文化，顺应社会的发展，孔子就是在那样的社会条件下产生的卓越的教育家。他和很多弟子开办了私塾教授学生，传播先进文化的教育思想。

孔子的祖先是宋国人，是殷代贵族的后代，到孔子这代人时，其家族逃亡到鲁国已经落破了。孔子的父亲是鲁国的一个小武官，号称大力士。孔子出生时，父母给他起名为丘，别名为仲尼。孔子3岁时，父亲去世了，家里很贫困，孔子遗传了父亲的体魄，非常健康，这也为他日后能经得起各种磨难奠定了基础。

他15岁就立志好好学习，掌握各种本领。17岁那年，他母亲也去世了，孔子更加发奋学习，渐渐成了博学多能的名人，很多人都拜他为师，他也教导出了很多的高徒。孔子有一个特别让后人学习的优点是：为人谦虚，不耻下问，终身刻苦学习，给人以榜样作用。

孔子把音乐和诗歌和教育联系起来，并应用到政治中。主要由他整理的古代诗歌总集《诗经》，是当代非常珍贵的历史遗产，也是孔子在文学、教育、艺术上的贡献。

🌱 **开启心灵**：谦虚是人的美德，孔子是刻苦学习、谦虚好学的典范。

2. "发明大王"爱迪生

美国科学家爱迪生一生拥有 1000 多项专利,被世人称为"发明大王"。他最著名的发明是留声机、碳丝灯泡、电车、幻灯、电话机、电动机等等,为全人类造福。

爱迪生家境贫寒,只上了 3 个月小学就失学了。从此,他开始自学,11 岁就读牛顿著作、《法拉第电学研究》、《科学百科全书》等。他特别喜欢做各种小实验,常常因为上班时做科学实验被解雇。他一生当过报童、马夫和报务员,吃尽各种苦头。

21 岁那年,爱迪生成功发明了世界上第一个电灯泡,给人类带来了光明。爱迪生把毕生的精力都贡献给了科学事业。

从一个看似流浪汉的人到成为举世瞩目的"发明大王",当被赞誉时,爱迪生说:"天才是百分之一的灵感,加百分之九十九的汗水!"

爱迪生有一本本笔记本,上面记着各种符号、短句等,随时随地记下他新的主意。他在 84 岁离开人世时留给世人一句话:"科学是永无一日休息的。在已经过去的亿万年间,它每分钟都在工作,并且要这样一直继续下去。"

🌱 **开启心灵**:学历不是衡量一个人的标准,刻苦自学同样能够成功。

3.《本草纲目》著者——李时珍

李时珍是明朝的医学家,他从 34 岁开始写《本草纲目》,完成这部巨著时已经 61 岁,历经整整 27 个年头。当今《本草纲目》已经被翻译成 10 多种语言,在世界各国出版。

李时珍的祖父、父亲都是医生。李时珍从小受家庭熏陶,喜爱医学。他的父亲并不希望李时珍学医,认为社会地位太低,希望他通过科举考试求得功名,但是他三次都名落孙山。李时珍立志当一名医生,他 25 岁起开始行医,钻研医药书籍《神农本草经》《唐本草》《证类本草》等。他为了掌握药物的疗效、开发新药,经常实地调研、请教长者,有时冒着生命危险,去深山老林寻找毒蛇等,详尽地记录了稀有毒蛇作为重要药材的产地、习性、药用价值等信息,为后人提供了宝贵资料。

他自己花了 27 年,并且动用了自己的儿子、孙子、徒弟帮助他抄写、绘画,最后,终于完成《本草纲目》这部巨著。全书共 52 卷,共计 190 万字,分为 16 部、60 类,是一部人类医学的宝贵资料,李时珍也成为医学史上值得后人永远铭记的医学家。

🌱 **开启心灵**:有梦想就要努力去实现,实践才能出真知。

4. 物理学家杨振宁

杨振宁 1922 年出生于安徽省合肥市,他的父亲是一名中学数学教师。杨振宁今年已经 95 岁高龄,仍然活跃在科学界,并健康地生活着。

他是世界著名的物理学家,是主持制造世界第一个原子反应堆的人,被称为"氢弹之父"。

杨振宁原来想当实验物理学家,但是他在实验室做了 20 个月的科学实验,常常发生爆炸,有人开玩笑地说:哪里听到爆炸声,哪里就有杨振宁。后来,杨振宁发现自己的动手能力不足,于是转而做理论研究,最终他成为了著名的理论物理学家。

杨振宁经常去清华大学、北京大学等高校讲学,他特别和蔼可亲,经常讲一些故事:他的母亲读过私塾,很重视他的早期教育,4 岁时母亲教他识字,在一年多的时间里,他掌握了 3000 个字,估计是他一生的认字总和了。当时,他们家生活和谐,父母工作愉快,他的童年也很快乐。

他非常感恩父母,认为自己很幸运,虽然出生在国家遭受磨难的时期,很多家庭家破人亡,但是自己很幸运能得到很好的教育,有机会去美国留学,并有机会研究新的发展领域——粒子物理,最终成为科学家。

杨振宁一辈子最喜欢说的一句话是:我还应继续努力。他已经把这句话当作自己的座右铭了。

🌱 **开启心灵:**每个人都要有自知之明,扬长避短才能够发挥才华。

5. "苹果大王"乔布斯

乔布斯是美国发明家,也是美国苹果公司创始人。他把电子产品简单化、平民化,改变了人们的生活,对人类社会做出了贡献。

乔布斯 1955 年出生,2011 年去世,年仅 56 岁。他一生勤俭节约,坚持素食,把所有的时间都用在发明创新上。

有个关于乔布斯车库的故事:美国前总统奥巴马在他的追悼会上说,乔布斯家里的车库与众不同,因为,他在车库里建立了这个星球上最成功的公司之一——苹果公司,至今影响着世界。

其实,乔布斯也是和"苹果"有缘的人。原本他应该和"苹果"没关系的,是被父母送人抚养后才有了接触计算机的机会。他的养父母住在洛斯阿托斯市,在著名的硅谷之中。乔布斯就是在硅谷高科技的氛围中成长起来的,他上初中

的时候就经常和同伴躲在车库里捣鼓电子产品。

1976 年 4 月，才 21 岁的乔布斯与 26 岁的同伴沃兹尼亚克研制成功了世界上第一台家用电脑，并成立了苹果公司。后来在他家的车库里，一批批苹果电脑被加工出来，当时他没有资金雇佣工人，连他的家人都成为临时的工人。从 1976 年的苹果 I 号到 1977 年的苹果 II 号，苹果电脑在全球热卖了 200 多万台。1980 年，苹果公司股票上市，乔布斯和沃兹尼亚克成为亿万富翁。

乔布斯的大脑仿佛是创新发动机，又相继发明了 iPad 和 iPhone，在全世界引起了巨大的反响，给亿万人民的娱乐生活增添了欢乐。

🌱 **开启心灵**：环境熏陶很重要，不畏艰险地努力，坚持就是胜利。

6. 微软公司创始人：比尔·盖茨

比尔·盖茨出生于 1955 年，现年 62 岁。他的父亲是西雅图的著名律师。他是计算机操作系统 Windows 的创始人，曾经的微软公司董事长，首席软件设计师，连续 20 年的世界首富。

比尔·盖茨从小就特别勤劳，经常做义工，到图书馆帮助管理员整理图书。图书馆的人员非常喜欢他，让他当起了小管理员。这样他就有了看书的机会，读了很多书籍。

比尔·盖茨对数学特别感兴趣，父亲对他也很关心，建议他去考西雅图最好的中学。去那里读书，非常适合比尔·盖茨的发展，因为那里有计算机课程。后来，比尔·盖茨如愿考上了那所学校，他对计算机着了迷，整天泡在计算机房里研究计算机软件，学习编程。

比尔·盖茨中学毕业，到了考大学时，按照父亲的意愿，报考了哈佛大学法律专业，以高分被录取。但是他依然想实现自己的梦想，经过和父亲的沟通，得到理解，比尔·盖茨退学，开始了开发计算机软件的生涯。1976 年 11 月 26 日，21 岁的比尔·盖茨和 23 岁的艾伦注册成立了微软公司。之后，微软公司一炮打响，现今，全世界 90% 的计算机安装了微软公司的 Windows 操作系统。

比尔·盖茨和乔布斯为同龄人，分别被称为全世界的电脑软件大王和硬件大王，世界人民为他们骄傲。

🌱 **开启心灵**：兴趣是最好的老师，家长理解孩子方能助力孩子们成功。

第二单元

探究潜意识

1. 潜意识的组成

在搞清楚潜意识之前,首先要搞清楚人的心理结构。它是由意识、前意识和潜意识组成的。

其一,意识是我们能够察觉到的感觉和体验,是当前注意到的、正在进行的心理活动。它代表了人们对环境、自我的认知能力以及认知的清晰程度。意识只是心理的表面部分,是同外界接触、直接感知到的心理现象。意识的特点是在头脑清醒的情况下,能感知外界和现实的各种刺激,察觉自己的思想、感情和行动的目的,是合乎个体自身所接受的行为规范和道德标准的。要注意的是,意识不等同于心理,意识只是人的心理活动中比较小的一部分。

其二,前意识是人通过适当的注意和努力就能提取的、有关事件和体验的记忆等。前意识的心理活动是在一个人的成长过程中逐渐形成的,通常我们是意识不到的,必须经过提醒和集中精力回忆才能进入意识层面。在人的头脑中,有许多这类不在意识之中的记忆和知识,我们只在需要的时候提取出来,让它进入意识中。前意识可以按照现实要求和个人的道德准则来调节心理活动,可以保持对欲望和需求的控制。前意识是介于意识和潜意识之间的意识层面。用一个不太确切的比喻来形容,前意识既是守门员又是传递员,它会根据需要随时变换角色。

其三,潜意识是对意识构成威胁而必须加以压抑的记忆和情绪等内容。潜意识包括个人的意识冲动和各种本能,以及这种本能产生的欲望,它被风俗习惯和道德压抑到意识察觉不到的心理深层空间。日常生活中的梦、口误等都是潜意识的流露。潜意识被称为"宇宙意识""原始脑"。日常生活中人们常说的"潜能"就是存在着的、不被人觉察到的、潜在的能力,也是需要人们特别是孩子挖掘的能力。

意识、前意识、潜意识的关系可以用一座金字塔表示,见图1。

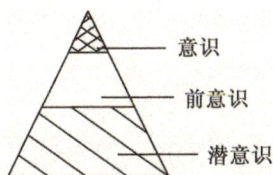

图1　潜意识金字塔示意图

　　金字塔的顶端就是意识,中间层是前意识,底层是潜意识。从图1中可以看出,意识的部分最少,中间的前意识其次,最多的部分是潜意识。它们三者之间的关系是:意识是人们自己直接觉察的思维部分。前意识是介于意识和潜意识之间的能够被自己从意识层面召回的心理部分。它担任着"督查"的角色,阻止潜意识进入意识,像个守门员,但也有"疏忽大意"的时候,让伪装的潜意识悄悄潜入到意识的层面;有时也会在意识的支配下从潜意识中提取信息。潜意识是一种潜藏在意识之外的神秘力量,而且这部分空间无比大。

　　心理学家弗洛伊德最早提出了潜意识的概念,人类有种本能,也就是追求幸福生活的潜意识。这种潜意识虽然看不见摸不着,却一直在无声无息地控制着人们的语言和行为。如果把人类的整个意识比作一座冰山,那么浮在水面上的部分属于显意识的范围,约占整个冰山的5%,而隐藏在水下的冰山属于潜意识的范围,约占95%左右。这就是著名的"冰山理论",见图2。1895年,弗洛伊德发表人格理论,认为人的心理分为超我、自我、本我三部分。现在潜意识的实用价值越来越被世人所认可和接受。

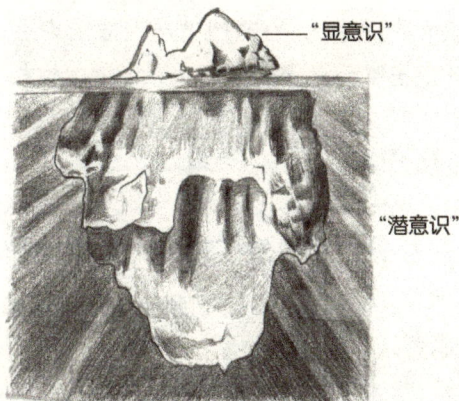

图2　冰山理论图

从图 2 来看,潜意识的资源非常丰富,但是再强大的人也只能挖掘潜意识中很小的一部分。经研究,即便是爱因斯坦、爱迪生等天才人物,一生开发的潜意识的能量也只有百分之几。

潜意识好比聚宝盆,取之不尽、用之不竭。只要你有积极的愿望,就能驾驭它,实现自己的人生愿望。潜意识好比是土壤,意识则是种子,播下种子就会结果。

再进一步用通俗的语言解释:既然潜意识的资源丰富,那我们就应该想办法挖掘这样的资源,使人成为强者,成为聪明的人、睿智的人、情商高的人。特别是在教育方面,潜意识更有研究价值。当父母学会了如何在生活中挖掘孩子的潜在能力,孩子的学习将变得轻松有趣,这样的学习状态一定是广大家长追求的理想目标。

2. 潜意识的存在

潜意识确实存在,它是看不见摸不着的,既然存在,那它如何表现出来呢?用磁铁能吸引铁制品,凭这一现象我们可知这不是普通的铁块,而是一块有磁性的磁铁。潜意识就好像磁铁的磁力一样,看不见也摸不着,却可以通过人的感官系统感受到它的存在。

潜意识会让人产生生理上的反应,包括积极的和消极的。我拿自己经历过的一件事和大家分享。有一天我开车不小心转弯半径大了一点,碰到一辆直行的小车,事情发生后我认为自己应该负全责,所以妥善配合那辆车的车主修好了车。因为当天我需要用车,当时又觉得车撞得并不严重,只是擦了一点油漆,再开也没问题,我的潜意识里不知不觉就冒出"等碰撞的地方再多一点,再去修理厂,既能减少麻烦又能节约资金"。当这种潜意识冒出来后,事情就往奇怪的方向发生了,当天自己开车居然无缘无故擦到停车场的水泥柱上,整个车门撞得变形了,本来一二百元就能解决的事,最后进修理厂花了上千元修理费。在我身上发生的这件事,使我更加相信了潜意识的存在和作用。

再举一例,有位五十多岁的女士腹腔里长了一个恶性肿瘤,手术中医生看到那个肿瘤靠近重要器官不能分离,于是缝上了伤口。等她清醒后,医生告诉她:"你的手术很成功,你可以健康长寿的。"这个女患者非常高兴,很快就出院了。医生当时认为这位女患者只能活半年不到,是为了安慰她才那样说。几年之后,这位女患者去医院体检,又碰到那位做手术的医生。当时医生看到女患者,非常吃惊,对着那位女患者说:"啊,你居然这么健康!"女患者说:"医生,是您治好了

我的病,我很感谢你。"因为当时医生表现出很惊讶的样子,说话结巴,女患者感到奇怪,于是追问医生到底发生了什么事,医生便把当时手术台上发生的事全部告诉她了。后来,不幸的事情发生了。那位女患者回到家以后,反复想自己腹腔内的肿瘤,恐惧感油然而生,随后就感到腹腔难受,吃不下睡不着,没几个月真的发病了,很快就去世了。

患者听到医生说手术成功,自己能健康长寿,安然无恙地活了几年,却在一日听到医生说恶性肿瘤仍在自己腹中,不过数月就死亡。这个案例充分证明了人的潜意识能控制人的行为。潜意识的心理暗示起了巨大的作用。

人类生存最重要的本能与自主神经系统的功能都蕴藏在潜意识里,只要我们懂得开发和利用这股力量,就能帮助我们实现自己的愿望。

3. 潜意识不会判断是非

心理学家告诉我们:当意识转化为潜意识时,会在人的大脑皮层留下生理印记。一旦人的潜意识接受外界的某种信息或者观念,它会立即开始实践这种观念,也会激发自身无穷无尽的生命潜能和智慧,运用过去生活中学习和掌握的全部知识和信念去实现目标。

心理学研究发现:潜意识不会区分肯定与否定的信息,没有辨别的能力,对否定意义的信念,如"不好""无能力""没出息"等词汇,以及人称代词"你、我、他"等也不会区分。当接收到"你很笨""他很丑""我很差"等短句,潜意识只会接受"笨、丑、差"等词。

潜意识喜欢接受指令,不喜欢接受请求。例如:家长对孩子说:"你要好好学习,拿个好分数回来。"其实潜意识告诉孩子"现在你还不够好"。

孩子被教训时自然垂头丧气,若家长这时还要对孩子发出请求,"你能不能快乐一点?一副苦脸让我很难受。"这时孩子接受的是不快乐的信息。所以说负面能量照样会被潜意识吸收。

从理论上看,我们每个人的心灵分为两个层面:理性的意识层面和非理性的潜意识层面。平时,人们的思考停留在意识层面,可是人的惯性思维却沉淀在潜意识层面中。只要潜意识接受了一个观念和信息,它就开始将其转化为现实。

问题的焦点就在于,无论这个观念是积极的还是消极的,潜意识都不会进行筛选,只会照样接受并执行。因此,我们给孩子尽可能多的正面的、积极的、善意的信息和观念,那样就会得到快乐和成功的结果。

在生活中父母无心的一句话,或某个人随口的一个言论都能渗透进孩子的潜意识中,影响孩子对今后的认知和行为——有的能引领孩子走向成功,有的却妨碍孩子的健康成长。因为这些言行有正能量和负能量之分,输入正面的信息和输入负面的信息会把孩子造就成两种性格不同的人。

前面已经阐述了潜意识是不会区分好坏的,只负责接受和执行。当家长经常表扬和赞美孩子,其实就是在给予孩子一种潜意识:你很棒。孩子接收到这种带有正能量的暗示,潜意识得到了积极作用,形成自信、积极向上的行为表现。但是,表扬和称赞也要有原则性,不可以随意滥用。因为那样会让孩子依赖赞扬而失去自我评价能力,失去了观察事物的能力,变得失真。

当家长经常骂孩子,动不动就指责孩子哪哪做得不好,孩子就在接收一种负面能量的潜意识:我很差,我是个差生,我不讨人喜欢。这会影响孩子的行为表现,有的孩子会通过一些不良表现来发泄内心的压抑心情,常常会导致恶性循环。

潜意识的神奇已经被越来越多的人接受和认可,在日常生活中潜意识控制着人类的语言和行动。

1. 潜意识像一颗种子

有时父母无心的一句话都可以渗透到孩子幼小的心灵中,好比在孩子的心田中播下了一颗潜意识的种子,慢慢地生根发芽。大家想一想,这个种子究竟其质量和品质如何呢?如果是一颗优质的种子,必定能结出硕果,可想而知,潜意识这颗种子是否优质是至关重要的。作为父母要注意自己的一言一行,因为父母所有的言行举止都会化作一颗颗潜意识的种子,不知不觉地播种到孩子们的心田里,影响着他们的成长。例如:我儿子上小学时,因为顽皮,所以经常被老师、同学贴上"差生"的标签,直到儿子在我面前说自己是"差生"时,我才惊醒,开始不断地用正面管教的方法引领他进步。

我们已经了解到:输入正面的信息和负面的信息会把孩子塑造成两种截然不同的人格。通俗地讲,平日里父母经常表扬、肯定和经常批评、谩骂会产生不一样的效果。经常被正面肯定的孩子,会自信、有上进心;经常被指责的孩子不自信、有攻击性、学习无兴趣等。

但是，有一个新的理念，就是"正面管教"：它是一种既不严厉也不骄纵的管理孩子的方法，它以相互尊重和合作为基础，把和善和坚定融为一体，培养孩子的自律性、责任感、合作能力以及解决问题的能力，并培养孩子的各项社会和自我成长的综合技能。家长为孩子们做有益的事，从小就教他们学会自我评价，寻求自我价值，而不是依赖别人的表扬；学会在失败中寻找原因，把每一次失败作为促进自身成长的良机。

著名心理学家荣格的集体潜意识理论认为：潜意识作为一种群体的无意识，是儿童自生命形成时就带有的远古心灵痕迹，并且这种痕迹会伴随着孩子一生的成长。

小婴儿在很小的时候，因为身心发育还没健全，没有经验，知识和思维的意识水平有限，但是他们的精神生活表现出比成人更加鲜明的潜意识特征。他们对什么都好奇，无论面对什么东西、什么色彩、什么食物、什么声音，他们的眼睛永远是好奇地发着光。

既然这样，我们广大的父母要懂得儿童的身心发展规律，要顺其自然地、顺应孩子成长规律地进行教育引导，不可以家长自定的标准，急功近利地扭曲孩子，那样的话会阻止孩子的潜意识冲动，扼杀孩子纯真的本性。为什么我们常看到很多成年人在自己父母面前还像个孩子，即便他们自己已有了孩子，也还需要依赖父母，不能独立生活。这是因为他们在成长过程中最原始的孩子"灵气""纯真本性"都被父母扼杀了。现在有的孩子不会交际，不会做力所能及的事，遇到困难第一个想到的是向父母求助。

孩子在成长过程中，天生就有吸收文化知识的能力，他们的大脑像海绵，不断吸收知识的养分，他们的行为受潜意识支配。家长和孩子接触时间最长，家长就像操盘手，一直在用自己的意识操控孩子。

发展心理学认为，儿童成长主要受制于强烈的天赋，能自动吸收周围信息的能力是人的一种本能。明白了这个道理，父母教育孩子时就要有意识地对自己想去影响孩子的观点、能力、信息等进行加工处理，再去影响孩子，而不是随心所欲地一股脑儿地甩给

孩子。

孩子不会区分外来的信息,对与错统统照本全收。同时,他们的心理较弱,一旦接受不正确的信息,就扎根在心里,有些东西甚至会记一辈子。由此可见,潜意识是如此深刻地影响着孩子的成长和身心健康。

潜移默化说起来轻松,做起来难。在生活中,父母的榜样作用就是最好的潜移默化的教育。

我常常会这样做:早晨起来后,打开计算机开始写书的时候,我会拍个照片发给儿子告诉他妈妈已经早早工作了,儿子回复:"妈妈,为你点赞。"我自学外语,想把忘了几十年的英语捡起来,每天背单词。当儿子看到后,对我说:"妈妈你真了不起,活到老学到老啊,向你学习!"

在饭店、商场等公共场合,经常看到一些孩子哭闹的场景。有一次我在外地旅游,看到一位五六岁的男孩声嘶力竭地哭着,时不时对他的奶奶拳打脚踢。我用手机拍了视频,作为一个案例用在我的讲课中。

现在,"会哭的孩子有奶喝、有糖吃"已经成为流行语,演变到成人的生活、工作中不断地上演闹剧。

在孩子幼小的时候,通过哭闹获得满足感。连小婴儿都知道,只要哭闹就有人抱。有的小婴儿像小精灵一样,在家人的怀抱中睡得很好,一放下就哇哇大哭,整个婴儿期在家人的怀抱中度过,使得全家总动员,所有人轮流上阵,累得筋疲力尽。这就是最初的习惯造成的,也是一种潜意识的养成,而父母和长辈在不知不觉中推波助澜。无论什么习惯,都有一个养成的过程。

2. 潜意识具有暗示作用

大家知道意识只是潜意识的冰山一角,只占全部意识的5%左右。弗洛伊德本意:心理过程本身是潜意识的,这就意味着所有心理活动都是潜意识的意识,不是心理活动的一部分,它只是对心理活动的反映而已。

世界上有很多科学家、研究人员致力于研究潜意识,证实了潜意识具有某些意识所不具备的知识。潜意识是人类本能力量的最高形式。潜意识所完成的工作,是人类生存和进化过程中不可缺少的一部分。江苏卫视曾经有一档节目《挑战不可能》,播出了很多明明人们直觉认为不可能却能被一些人完成了的事情,有时真的让人感到不可思议,觉得是奇迹。

其实,这些都是潜意识对意识产生重要作用和影响的反映。自古以来,科学

家们反复用不同形式来表达潜意识和意识的差异。有时候人们觉得有些事情让人感到不可思议，其实都是潜意识的神奇作用。

心理学上有一个著名的意识实验：在死刑犯中招募志愿者，谁在实验中活下来就可以减刑。有一位死刑犯愿意参加实验。在一个漆黑的密室里，研究人员告诉死刑犯实验的目的：研究究竟一个人失去多少血还能活下来，然后在死刑犯的腿上割了一个小伤口，让死刑犯感觉疼痛，觉得自己在流血，然后传来清晰的血流出的声音。其实伤口很快止血了，死刑犯却极度恐惧，以为自己身上的血要流干了。整个晚上，他胡思乱想，备受折磨。第二天清晨研究人员打开密室，发现死刑犯真的死去了。他是被自己的潜意识杀死了，因为他一直在想自己的血已经快流完了，要死去了……可想而知潜意识有多重要，既可以置自己于死地，也可以让自己活得精彩，但前提是我们要充分了解潜意识的力量。

潜意识像一股隐藏的力量在幕后操纵着我们的思想。科学家不断地研究也有新了的进展，人类行为是由无数感知、感受和想法的涓流在意识和潜意识层面汇聚而成的结果，我们行为背后的原因自己也说不清道不明。

很多生活中的案例说明了这一点，比如一架出事飞机中，每次都有一些人因为某事或其他不明原因延误登机幸免于难，这就是潜意识拯救的结果。

在1904年秋季，《纽约时报》在第六版推送了一个出现在德国的科学奇迹，有一匹公马，名叫汉斯，它除了会说话之外，还会运算、辨别。它的主人对它进行了四年的训练，也就是像对待孩子一样的教育它。这匹马经常公开表演，主人问问题，它能用蹄子通过敲击来回答问题，所以一时间汉斯成了被广泛报道的对象，公众被汉斯会计算、会拼写、会识别物体的能力吸引，但也有人怀疑是否在表演中有猫腻或骗术。后来有一个机构对此进行了深入了解，也没有发现骗人的花招。

但是汉斯的主人和研究人员共同探究，终于发现是潜意识的暗示在起作用，比如主人问汉斯问题时，身体不自觉地前倾，汉斯开始跺蹄子；当答对了，主人身体不自觉地后倾，汉斯就停止跺蹄子。这证明了潜意识行为是传递一个人心理状态的线索。

这匹叫汉斯的公马，其实没有计算的能力，但它具备另一种特殊的能力——敏锐的洞察力。它能从各种各样的人那里获得微妙的提示，以做出正确的答案。

因此，科学家认为：人类口头语言能力非常重要，但是人类也有非语言的平行沟通方式，能揭示出话语之外的东西。非语言信号的读取是自发的，是独立于我们意识、在我们控制之外的。通过非语言的暗示，会不知不觉流露出当事人心理状态的信息,身体的肢体语言、身体摆放的姿态、面部的表情都会对他人有暗示作用。

在这里我们关心的是教育问题。如果挖掘潜意识的巨大能量对孩子们的学习有帮助,那无疑是家长们需要学习的事情。

研究人员曾经做过一项实验,让教师对"不同类型"的孩子分别进行智商测试。第一次测试结果只有教师知道,然后分组,把智力平平的孩子分在一组,但给他们冠以"天才"学生的称号。第二次测试下来这一组有 **20%** 的学生提高了 **30 分**,这项实验证明了自我暗示的潜意识的作用。

现在有很多家长经常给孩子贴标签,经常不注意就在别人面前说自己的孩子如何笨,如何差,这样给孩子造成一种负面的心理暗示。久而久之,有的孩子自己也会认为自己是差生。

我儿子小学一年级时,因为在幼儿园没有养成良好的学习习惯,上课注意力不集中,经常被老师批评,其他同学也认为儿子表现不好。有一次儿子就对我说:"妈妈,我想当少年队队员,别人不选我,因为我是差生。"正是这句话刺痛了我的心,刺激我要为了"差生"的儿子而努力寻找合适的教育方法。我经常用潜意识暗示儿子"你是很能干的,你的学习会越来越好",也教儿子学会正确评价自己,当受到老师批评或考试成绩差时自己分析原因,争取下一次避免再犯。后来到了小学五年级,儿子终于当上了班长,结束了"差生"时代。其实有很多孩子表面上看起来很差,学习成绩不够优秀,家长要会正确分析究竟问题出在哪里。我当时分析孩子学习不好的原因就是注意力不集中,经常小测验都没有搞清楚老师的要求,考试自然会出问题。

家长要对自己的孩子建立信心,用积极的心态给孩子暗示,经常鼓励,给孩子一个肯定的笑容、点头的肢体语言,关键是要使孩子对自己产生认同感,即体现自我价值。长此以往,孩子也会从父母的肢体语言中感受到自己很棒。事实上,他们真的会变得越来越棒。

潜意识的暗示作用可运用于很多场合,最有说服力的是医学上疼痛的"安慰剂效应",比如:给疼痛的人一粒糖丸,告诉他们吃下以后就不疼了,很多病人的疼痛真的减缓了。再比如:社会上很多养生保健药品的推销人员盯上了老年人,其实那些所谓的保健品的成分也没有那么神奇,只要没有毒性,哪怕胶囊里装的是面粉,很多老年人吃了用了以后也感觉身体有好转。这些都属于"安慰剂效应",也就是潜意识的作用。

同理,获取知识、技能和思想觉悟的学习过程也是一种潜性教育,学校教会

学生如何建立在"无意识愿望"基础上的潜教育思维方法。潜教育和显教育是由内而外地激发内在动力的过程,两者都是不可缺少的,但是内在的动力一定是大于外在的,这个道理应该很容易理解。

1. 让孩子潜意识里要吃苦

如何理解"再穷不能穷孩子"这句话?中国绝大多数父母在生活中经常说"再穷不能穷孩子",这句话究竟是否有道理呢?在西方国家情况是完全反过来的,他们国家绝大多数人认为"再富也不能富孩子"。你看,和中国父母的意见刚好相反。让我们来仔细分析其中的道理。

先说一些社会现象吧。我前年去法国旅游,一天早晨我起了个大早,想去法国著名的老佛爷大商场逛逛,去了商场看到很多中国人在几个卖包柜台前排起了长队。我很奇怪,以为有商品在打折销售,当我问其中一位美女时,她说是买限量版的包,起点都要两三千欧元一只,相当于 2 万人民币左右。我再仔细一看,购买这些名牌包包的基本是年轻人,中国人居多。他们拿着爸爸妈妈的卡"刷刷刷",像我们平时在超市买廉价商品似的,好像没有钱的概念。虽然我的经济实力完全能买得起这样的包包,但是我都舍不得。

还有一次在国内,假期我从外地回家,遇到大学生返校,坐票买不到了,售票员说还有几张软卧票,我赶紧买了一张。当我走进车厢时,看到很多年轻的大学生模样的青年人坐在里面,我一时以为走错了车厢。因为在我的印象里,总觉得软卧大多是老弱病残人士使用的。一路上看到这些大学生享受的样子,我便和他们聊起来。一位女学生说车票是妈妈买的,妈妈送她去大学报到,她是新生。我问:"那你妈妈呢?"那女孩回答说:"在普通车厢坐着呢。"当时我真的很心酸,看到女孩神情自若的样子,一时说不出话来。父母宁可自己苦、自己穷、自己累,也不愿让孩子吃苦受累。

我的一位朋友的丈夫去世不久,家中因为特殊原因一夜之间变得倾家荡产,她儿子有很长一段时间无法适应从原来无忧无虑、富有的生活变得一无所有。我帮助她的儿子坚强起来,上大学刻苦学习,自己做家教,挣大学的生活费。大学毕业后,她儿子终于考上了事业编制,过上了自己的小康生活,也能孝敬母亲。

另一位朋友,娶了媳妇回家和自己的儿子一样对待当宝贝宠爱着,老两口帮他们带孩子，买菜做饭。每天小两口下了班就在家打游戏，继续过着未婚时候的快乐日子，休息天睡懒觉到中午。老两口非常辛苦，有一天我对朋友说："你这样是在害他们啊。"但是我的朋友却说："等我们老了不行了，他们自然就会做事了。"有一次，老两口身体不舒服让他们自己带孩子。就几天时间，他们都在叫外卖，煮稀饭也变成干饭。老两口看到家里一塌糊涂，心里也着急。

试想，如果父母不给他们钱，不让他们享受父母劳动的成果，他们能这样的大手大脚心安理得地享受生活吗？如果父母不这样为他们辛苦地干活，为他们带孩子，他们能这么轻松地享受自己的二人世界吗？

为什么会出现这样的社会现象？过去俗话说：穷人的孩子早当家，可是为什么现在不管是穷人还是富人的孩子都不会早当家了呢？这都是父母的教育理念出了偏差。有时这导致的结果很惨烈：我在《"潜"教育："玩转"孩子》中提到的，机场上孩子用刀刺母亲，就是因为母亲无法提供孩子在国外"寄生虫"式的生活费用；有的家长在孩子的校门外打工挣钱给孩子读大学，孩子却在游戏厅打游戏抽烟消费；有的父母超出自己的经济承受能力给孩子买名牌衣物等，自己的内衣却补了又补，导致孩子不懂得勤俭节约；有的父母生病都要咬咬牙坚持买菜、做饭、打扫卫生，真的生大病倒下时，家里就乱成一锅粥。

难道这样的孩子非要等到家里出大事才能成长吗？父母为什么不能在平时生活的一点一滴中教育锻炼孩子呢？我在国外旅游时坐的国际列车上见到的大学生，很多买的是站票，在软卧车厢里几乎见不到学生，因为他们认为不应该随便乱花父母的钱。我了解到，欧洲有些国家有一种教育方式，当孩子到了18岁必须独自出门旅游一次，作为成人的转折点。他们被要求争取用最少的钱，走过最多的地方，要求孩子尽量在外面多花点时间去认识世界、体验人生，学会独自生存的本领。父母希望的是：出门时是孩子，回家时是成人。以至于这些孩子成人后，把曾经独自在外面经历的种种磨难、传奇当作人生的宝贵回忆。国外的父母常对孩子说："孩子你花的是我挣得的钱，而我花的是自己的钱"，国外的孩子得到父母给予的钱物像收到礼物一样感激。说了这么多，我们应该有所感悟：为了你的孩子、你孩子的孩子能过上幸福的生活，家长们应该从小就培养孩子吃苦耐劳的精神，再富也不能轻易给他们富，穷了要让他们跟着一起穷，让孩子从小学会感恩和珍惜，提升他们的生存能力。

2. 教孩子将来要养活自己

天底下，每个父母都希望自家的孩子将来过得好，经济富有、生活幸福。要

想实现这个美好的愿望,父母们需要对孩子进行财商教育,然而恰恰在当今社会,财商教育的理念被忽略。因为,父母长辈们从没有想,20年后,孩子拿什么本领养活自己,让自己过上富有的生活。

我想提几个问题请各位读者朋友们思考:

（1）你孩子懂得勤俭节约吗?

（2）如何在孩子头脑中建立财富的概念?

（3）在当下物欲横流时代,如何让孩子拥有理性消费观?

（4）如何让孩子自强、自立、自信?

（5）如何教会孩子理财?

（6）如何通过财商教育使孩子懂得感恩?

（7）孩子能拥有自己的零花钱吗?

（8）如何教会孩子适当地实践性消费?

（9）随意花钱和不会花钱的孩子会怎样?

（10）储蓄罐里有财商秘密吗?

家长们面对这么多的问题,可能会想,财商教育真的有作用吗? 希望孩子将来富有不是靠传给的财富,而是自己拥有创造财富的能力。即便是家财万贯,也只能富一代、二代,想子子孙孙富下去,必须教会孩子挣钱的本领。正如"授人以鱼不如授人以渔",虽是同音字,"鱼"和"渔"的意义却截然不同: 前者永远打好鱼给孩子吃; 后者教会孩子打鱼的本领,所以不愁没鱼吃。按照自然规律,父母长辈总有一天要先离开孩子的,有的孩子什么技能都没有,就坐在家里享受家长留下的遗产,他们总有一天会成为穷人;而那些懂得理财、财商高的孩子,一定会靠自己的努力过上富有和幸福的生活。

培养孩子的赚钱意识能提高孩子的自信心,孩子的潜能也能被挖掘出来。当今社会,虽然不是唯一标准,但大多数人还是把财富作为衡量个人在社会中成就大小的标准。

一个人只有认识财富、正视财富、渴望财富,才能拥有财富,才能发挥自己的聪明才智创造财富。设想,如果孩子从小不进行财商训练和意识培养,等他长大后就对钱没有概念,不会花钱,当然就不会挣钱。只有心中具有强烈的挣钱意识,他才会加倍努力奋斗,激发内在的正能量。

讲一个故事:法国的一位年轻人,出身贫寒,孩提时代生活得非常艰苦,他当时就有个强烈的愿望:一定要脱贫致富。他成人后,靠自己的打拼,最终成为一位富豪,但是却患了癌症,年纪轻轻就去世了。

他死前立了一份遗嘱，让媒体在他死后刊登在报纸上。他提出了一个看似简单的问题：穷人最缺少的是什么？广泛征集正确答案，谁答对了，奖励100万法郎。这份遗嘱刊登后，共收到近5万份答案。

很多答案说穷人不能很好把握机会，所以不能成为富人；也有人认为穷人缺少的是技能；还有人说穷人缺少名牌服饰、地位、启动资金、关爱和运气；等等。揭晓答案：穷人最缺少的是野心、梦想和愿望。只有一位小女孩说：也许只有野心和梦想能帮助人们得到自己想要的东西。最终这位小女孩得到了100万法郎的奖励。

这个故事给我们的启发：若要孩子将来成为有钱人，从小就要让孩子有强烈的赚钱欲望，不要一听到"钱""欲望"这些词，就觉得不能触碰。有欲望才会有动力。给孩子创造理财的机会，从小培养其正当的赚钱意识，让孩子们懂得钱是要自己挣的，父母的钱也是辛苦挣来的；自己靠努力也能挣钱，建立挣钱的自信心。

可以结合家务劳动，设定合理的获酬金额，让孩子们在劳动中收获金钱的喜悦，学会理财和正当消费。

提升孩子的财商，进行财商教育是父母需要完成的功课。而父母自己的消费观、理财能力、对金钱的认识会直接影响到孩子。

有的父母拿到工资大吃大喝，"今日有酒今日醉"，没有计划性；有些父母就特别节俭，一分钱、一滴水地计较；还有的父母当上了"啃老族"，他们自己就没有挣钱欲望，带着孩子在父母家吃喝拉撒地享受老人的赞助。这样的言行给自己的孩子带来了负面的影响。

在犹太人的财商教育思维中，他们的个人规划是涉及一生的，把一生的幸福生活作为终极目标。他们把财商教育的一个重要理念——延后享受作为核心内容教育孩子。

这种理念表现在犹太人抓住日常生活点滴对孩子进行财商教育。他们对孩子说：你们要想买更多的玩具和你们想得到的东西，就要想办法积极表现，获得更多的奖励；你们若要想自由自在地玩耍，就要加倍努力，提高学习效率，赚取更多的时间去开心地玩乐。

我国的财商教育比较薄弱，父母对此普遍不够重视。中国父母娇惯孩子在世界出名，家长自己可以喝稀饭、穿便宜的旧衣服也要让孩子吃好菜、穿名牌；家长可以大热天在外辛苦打几份工，也要让孩子在家享受空调，好好休息；家长什么事情都大包大揽，孩子很大了也不会操作微波炉、成年孩子不会下面条；家长

为了给孩子很好的教育,超出自己的能力送孩子出国;等等。这让我们清醒地看到中西方在财商教育和生存能力方面教育理念的差别。

所以,我呼吁:家长要不断强化孩子们的财富意识。要想自己孩子将来成为有钱人,现在就要埋下想赚钱的"种子",让赚钱的"种子"生根、发芽。

只有当孩子们有了"钱"的概念时,他们的财商才能得到提升。分享我的一些做法:

(1)模拟给孩子发工资,根据孩子年龄每月可以给 10 元、20 元、50 元不等,让孩子有期盼的感觉。

(2)建议工资可以用记账或者代金券形式,也可以由家长管理现金(因为钱有细菌,经常摸钱不利于健康),孩子需要用时随时提供(谨记:不可拖欠或违约)。

(3)培养理性消费,孩子需要买金额较大的东西,要事前向家长申请。如果不合适的,家长要说清楚道理,不可以简单粗暴地拒绝。

(4)帮孩子去银行建立一个账户,把压岁钱存进去,存折让孩子保管,带孩子亲自去银行取现金交学费等,并让孩子自己把钱交到学校。在实践中让孩子找到"用钱"的感觉,激发孩子的挣钱欲望。

(5)教孩子买东西货比三家,增强孩子对"购买欲"的控制力,学会有计划、合理地消费。

(6)尽可能不要带孩子参加成人的应酬,过多吃喝玩乐,孩子容易从小养成贪图享受的心理,影响身心健康。

第二篇

潜教育真功夫

引 言

※ 生活中练就潜教育基本功,真正贴近孩子,了解他们内心世界

※ 正面管教是不惩罚也不骄纵,在善意和坚定情境中教养孩子

※ 潜教育要求亲子沟通接地气,家长诚信和尊重孩子至关重要

※ 家长教育孩子前调整好情绪状态,对引导孩子觉察成效显著

第一单元

潜教育必备基础

Part 1 用爱心真正读懂孩子

1. 解开孩子的心灵密码

想读懂孩子们的心,要善于思考一些生活中的问题,比如如何贴近和了解孩子们的心? 你的孩子平时学习生活开心吗? 你陪伴孩子们的时间有多少? 你是否耐心地听孩子说话? 你对孩子不好的表现总是愤怒吗? 等等。

在日常生活中,很多孩子有时会出现"不正常"的表现,比如无缘无故闷闷不乐、大哭大闹、发脾气扔东西、不讲道理等等。做父母的你们是否只是简单粗暴地"镇压"孩子? 是否总是非常愤怒? 是否总是想自己的孩子为什么不如别人家的孩子? 但是,你们是否想过在他们每一个不正常的行为表现背后,都有一个正常的理由呢? 孩子不正常总是有理由的,如孩子生理和心理方面的问题、父母自身问题的折射等。如果父母忙于工作,很少陪伴孩子,他们就会通过哭闹和非正常行为来宣泄自己的负面情绪,其实这是在用自身的情绪反应呼唤父母的关注和帮助。

曾经我做过一个咨询,有个所谓的"问题孩子",他宁可经常挨打,也要故意制造事端。当我给孩子做心理咨询时才知道,他的父母平时工作、应酬很忙,很少陪伴孩子,对孩子也没有耐心。孩子非常渴望父母的陪伴,每次犯错误挨打后,父母也郁闷,就陪着孩子谈心说教,这时候,孩子反而变得行为正常,乖巧听话。

分析以上案例:孩子幼小的心灵需要父母的关爱,心田需要爱的滋润,如果缺爱,孩子心理会失衡。他们可能没有能力正常表达自己的诉求,所以通过不良的行为表现吸引父母的注意,然而严重的过激行为会造成伤害。因此,提醒家长们,当孩子有"不正常"的表现时,父母应当通过倾听给孩子以最好的关注,等孩子平静后再讲明道理。

父母对孩子的态度非常重要,是和孩子的实践水平互为因果关系的。父母的态度和陪伴程度不仅对孩子的智力和能力有巨大的影响,而且会影响孩子行为和道德的发展,以及其他能力和人格的发展,如孩子的社会适应能力、人际交往能力、自主能力、独立能力等。

有些父母当孩子"无理取闹"时,用简单粗暴的态度打骂孩子,关孩子禁闭、让他饿肚子等,从表面上看似乎征服了孩子,可是却埋下了不良的种子。孩子内心的心灵密码没有解开,导致孩子向两种人格模式发展:自闭或狂躁。久而久之会导致孩子人格的畸形发展,等到孩子长大成人,父母看到孩子不能适应社会、不会自食其力,相信父母的心会像刀绞般疼痛,也会后悔终身。

当父母意识到自己的态度对孩子成长起重要作用时,对孩子就需持积极温和的态度,正确对待孩子每一次的闹情绪,不断探究孩子的心灵密码,通过就事论事进行倾听、谈心、说教,促进孩子的行为往健康的方向发展。

只有在父母温和、诚恳、耐心的态度影响下,父母才能更好地鼓励和帮助孩子建立较好的自我评价和自我意识,建立自信心,挖掘孩子的自主能力、独立能力和其他社会能力。

当家长发现孩子成绩下降或者犯错的时候,一定要注意控制自己的情绪,多从孩子的角度换位思考问题,分析孩子犯错和闹事的原因。谨记:耐心恳谈远远强于武力征服的效果。

父母一定要努力走进孩子的内心,探究他们稚嫩心灵的密码,帮助他们健康快乐地成长。

2. 用爱心贴近孩子

当孩子说话时,如果父母表现出浓厚的兴趣,孩子和父母之间就打开了沟通的大门,孩子会感到自己是重要的,受父母重视,说话也有了自信,能更多地表达自己内心的真实想法。

父母作为孩子的聆听者,必须集中注意力,千万不要心不在焉地做其他的一些事情,哪怕是接听手机等。总之,要面对面地用眼睛看着孩子说话,并且要用身体语言表达共情,让孩子感受到父母在耐心地听自己说话。就像演出一样,家长是配角,孩子是主角,孩子会越说越有劲,有利于他语言表达能力的培养。

孩子向父母述说内心想法时,也是在缓解自己的情绪,这时,父母一定要给孩子机会,特别是当孩子不开心或遇到什么委屈时,父母要细心发现,想方设法地找时间、找机会了解孩子情绪低落、不开心的真实原因。

当孩子说不清楚,也就是无法表达内心的想法时,家长要有耐心,不可忽视孩子的纠结。这时也是亲子沟通的最好时机,因为孩子最需要家长呵护关心,如果父母嫌弃孩子说不清楚、磨磨唧唧的,表现得没有耐心,甚至责备孩子,在孩子幼小的心灵里会埋下不自信的种子,会影响孩子的身心健康成长。

只要有一次嫌弃孩子表达或不耐烦,他们就有可能用沉默的方式进行无声地反抗。如果经常烦躁,嫌弃孩子啰嗦,孩子以后可能就不敢说出自己内心的真实想法,久而久之,孩子的表达能力也就会减弱,等今后遇到问题,了解原因后,为时已晚。

父母不要认为孩子小、不懂事,对付一下、说教几句就没事了。其实,孩子虽然不会表达自己的心声,但是他们却会误解父母的内心情感(潜意识不会辨别是非,只会全盘悄悄地植入到孩子的意识里),导致亲子沟通出现障碍。

广大的家长朋友虽然一切要以孩子为中心,特别注意给予精神上的关心呵护,但是,要规避无原则的溺爱。只要把握好爱孩子的"度",把孩子当作独立人看待,无论他们多么小,都尊重他们的人格,和孩子之间保持良好的沟通,就掌握了孩子的心灵密码。

3. 重新认识孩子的"不良行为"

父母和长辈永远是俯视孩子,而孩子总是仰视家长。很多时候孩子做出的行为其实是"与其年龄相称"的行为,但是成人却用"与自己年龄相称"的行为模式要求孩子跨越年龄界限做出和成人一样的行为,其造成的后果常常是,成人失望,孩子伤心。

大多数家长犯了一个严重的"认识错误",就是把孩子所谓的"不良行为"看成是"因为失望而产生的行为""缺乏技能的行为""爬行动物脑操纵的行为"或者"发展适应性行为"。

请大家仔细思考一下,孩子们所谓的"不良行为"无非就是他们缺乏知识(意识)的行为,缺乏有效的技能、没有足够的自控力、有时因为一个偶然事件转向"原始脑"操纵的行为。

对照这些表现,事实上,成人有时也会和孩子们一样存在低级思维,犯一些低级错误。但是，成年人会找到"遮羞布"，冠以"失误""不小心""偶然"等借口来掩盖自己的"不良行为"。这是成人和孩子人格上的不平等——孩子的行为明明白白是符合自己年龄阶段的心理发展要求的，却被责备；而成人犯的低级错误违背了自己的年龄阶段心理发展，却能堂而皇之、避重就轻地原谅自己。

例如：孩子年龄小，什么都好奇，家里的东西到处翻、到处扔；淘气的孩子强拆东西，搞"破坏"（这些都是符合小孩子年龄阶段身心发展特征的）；还有的孩子模仿大人做不该做的家务活，结果自然很糟（如水灾、失火事件等）；再有的孩子身体不舒服，胃口不佳，不能按照家长的要求按时进餐；等等。当家长强行用自己的"权威"要求孩子做好时，就遭到孩子反抗；面对孩子不顺从、不按规矩办、做出家长眼里的"不良行为"时，家长常常会陷入痛苦的情绪中……

如果家长能够换位思考，重新认识孩子的"不良行为"，就不会把责任感等同于责难、羞辱、训斥。有了这样的新的认识，家长的心会放宽，对自己也是一种减压，对孩子的态度会自然而然地转变。

当家长对自己的孩子了解得越多，自我认识也会越多，情绪控制得越好，对孩子的正面管教就会越有效，从而把对孩子的失望变成了希望。只有这样做才能真正走进孩子的内心世界，让亲子沟通变得和谐愉悦。孩子就是一幅画，家长要摘掉有色眼镜，用愉悦的心情看待孩子，那么眼里的孩子也会像花朵一样绽放美丽，让家长赏心悦目。

Part 2　家长诚信是教育的前提

家长总是教育孩子要诚实守信，目光总是聚焦在孩子身上。生活中每当家长发现自家的孩子说谎时，就特别紧张，认为"不得了，大事不好，孩子的道德品质有问题了"，常常表现得惊慌失措，担心孩子长大了学坏。

可是家长平时管教孩子，自己一不留意犯了一个隐形的、严重的错误，常常为了暂时图个安宁，对孩子随便承诺，信口开河地答应孩子的各种请求，说完自己也不记得。

试问：这样的行为和孩子说谎的性质有何区别呢？难道就因为是家长就可以忽略不计吗？

进一步说一个社会现象。常常听到家长们交流孩子的学习状况时抱怨：很奇怪，我家的孩子就是不愿听我们的话，大学生家教说话都比我们说话管用。

分析家长们的话，表面上看是在抱怨孩子不听话，从深层次分析，孩子为什

么听别人的话不听家人的话呢？做父母的要好好反思：是否自己出了问题？我认为：真的是家长的诚信出了问题。

现在让我们剖析家长犯错误的过程：家长在孩子面前永远是权威，觉得孩子小、不懂事、好忽悠，在日常生活中喜欢哄骗孩子，随便承诺孩子的要求，给点"甜头"，只求能获得暂时的安宁，不用考虑后果，也不用兑现。可是孩子得到父母的承诺后，非常期盼，孩子第一次失望，印象还不深，但是随着一次次的失望，他们内心稚嫩的心受到伤害，久而久之，孩子内心对家人的话失去信心，常常表现为不理不睬、装聋作哑。有的孩子顶嘴，他们心里想：谁听你的，你们说话不算数，我就不听你们的话。

对于孩子犯错误，父母没有反思自己的过失，却把眼睛盯在孩子的错误表象上，常常抱怨"孩子越大越不听话"。这句话正好概括了这个发展过程。为什么孩子越大越不听话呢？因为，他慢慢长大，对于父母不诚信的行为有了记忆，在内心开始怀疑父母说话的真实性，试着用不理不睬、装聋作哑无声地反抗了。

其实孩子对父母的信任是与生俱来的，特别是母亲和孩子十月怀胎同呼吸共命运，心心相印，在生理和心理上没有任何理由说孩子和父母有距离感。在孩子成长过程中，由于父母的随随便便犯了一个很严重的错误——不诚信，导致孩子不愿听父母的话，处处和父母对着干。当父母真的意识到这个问题，并注意及时改变自己的行为时，我认为一定会使孩子变得听话，对孩子的教育也将走向轻松愉悦的状态。

现在我想和各位朋友分享几点想法：

1. 诚信＝尊重＋信任

有一个经典的心理学试验用来测试孩子的控制欲，称为"棉花糖实验"。孩子被告知如果能抵制放在面前的棉花糖有 10 分钟，就再给一块。实验结果：很多孩子很快就吃掉了棉花糖，有的孩子能坚持一段时间获得额外的一些棉花糖。

来自美国哈佛的一位学者认为：这是测试受测试的孩子与说话者的信任关系，隐喻了孩子和家长的信任关系。如果孩子在家里经常被骗，孩子一定会立即吃掉棉花糖；如果家长对孩子讲诚信，孩子就会控制住不吃棉花糖，然后获得额外奖励。

从心理学角度分析：试验时，如果孩子平时经常被父母忽悠，他们对主持人开始就不信任，担心主持人万一反悔收回棉花糖怎么办，所以先吃掉是最好的选择。而那些平时信任父母的孩子自然就相信主持人的话,他们期待更多的棉花糖。可想而知,诚信有多么重要。孩子们在诚信的环境里成长,自己也会诚信,说谎现象很少发生。

还有一个生活中常出现的现象:家长承诺了孩子的要求后,发现自己的承诺有问题,是不能实现的,导致虽然没有忘记,但是采用拖时间的办法处理,希望等孩子发现也木已成舟没有办法了。我觉得在这种情况出现时,应该和孩子说清楚,得到孩子的理解,而不是依靠拖延时间。这样拖延时间处理的后果是:虽然这次混过去了,即便孩子不闹,但在孩子的心里,家长诚信的天平还是失衡了,信任的力量被瓦解了。我觉得这才是最大的损失。诚信是用金钱买不来、用时间也换不来的,只有尊重孩子的人格,在孩子心目中真正建立信任感,教育孩子才会变得轻松、简单,一切都会比预想的要好。

2. 权威 ≠ 威信

先谈谈权威。家长权威不可动摇是中国式家庭常见的,家长不会轻易放下自己的权威,总觉得自己说什么,孩子必须听。我想,正当的父母权威应该是建立在有效的家规家教的基础上的权威,如果只是从年龄的角度去看待权威,那样的权威一点儿没有威力,即失去了威信。

如果靠打骂孩子教管,可能会暂时维持一段平衡期,但他们心里却一天天地积压情绪,到了一定的时候就要爆发出来,孩子会出现逆反、发脾气、唱对台戏、厌学等不良行为,甚至出走。

家长的威信要靠个人的魅力、综合素养、教育的理念、得当的言语、诚信的态度等等在孩子们心中建立起来,其中诚信是一个重要的手段。对孩子诚信、说话算数,孩子自然就会信服家长,家长自然就树立了威信。

然而,权威不等于威信。家长虽然在家庭中的地位是较高的,自然而然地拥有权威,但是如果自己教育不当、武力镇压、缺乏诚信,就不能在孩子面前树立威信,孩子宁可听别人的话也不愿听父母的话。因为在他们看来,父母说话常常言而无信,别人的话可能更值得信赖,导致的结果就是父母说话没分量,威信丧失。

是否把孩子当作有思想、有个性的独立人看待? 不同的对待方式会有不同的结果。家长在工作单位不会随意承诺别人的要求,承诺了的事情通常情况下会兑现,而不会信口开河。可是对于孩子的要求,家长却不当回事,觉得孩子好忽悠,于是随意承诺; 当承诺实现不了、孩子发脾气时,却反过来指责孩子,性质

变为孩子犯错误。

我提醒家长们要改变看问题的角度，对待孩子一样要尊重他们的人格。当孩子表达请求时，要正确分析是否合理，放弃暂时对付的思想，积极面对。一旦家长承诺了孩子的要求，就要立即记下来（笔记本中、手机备忘录中），或想办法提醒自己不要忘记，实时兑现承诺，这样才能在孩子心里树立家长的威信。

孩子不听话就是因为对父母的信任感不足，只要父母注意自己承诺的分量，注意言行一致，就能找回孩子曾经对自己的信任，孩子说谎的坏习惯也会慢慢消失，所以父母不必大惊小怪。

Part 3　**关注孩子快乐很重要**

当今社会一个普遍存在的现象：父母家长在一起总是喜欢攀比，谁家的孩子上了奥数班，学了钢琴，报了作文班、英语班、跆拳道、羽毛球等等，我们家也要报，不能让自家孩子比人家的孩子受教育的机会少。但是，为什么没有家长攀比谁家的孩子更快乐呢？

1. 快乐和兴趣有关

当下社会普遍存在的问题是，不关注孩子是否开心快乐，而是跟风从众地为孩子报了很多培训班。请问你家是否有以下情境：只要坐在钢琴前就两眼泪汪汪；作文辅导班上趴在桌上发呆；奥数题太难做不出，急得讨厌数学；英语辅导班上学到的东西学完就忘记了；因为被迫上各种兴趣班所以学会偷懒。家长花了很多学习费用，得到了什么结果呢？

实践证明：特别优秀的学生报的辅导班数量非常少，有的几乎没有，而很多参加各种辅导班的学生却成绩平平，有的越学越差。学习成绩和报辅导班的数量不一定成正比。

我认为学习的情绪状态至关重要。没有愉悦的快乐的学习情绪状态，在压抑的情绪状态下学习，终究会退步。因此，我要重点和大家分享如何让自己的孩子快乐起来，然后再追求学习成绩。只有孩子快乐了，才会有正能量释放出来，并转化为学习动力去学习、提升、记忆、觉悟。

孩子痛苦烦躁时，身心都是负能量，消耗精力，对学习反感、厌学、粗心、马虎直至发展成逃学。每当孩子出现学习问题时，我们家长眼睛还是只盯着孩子，认为自家的孩子不听话、不聪明、不灵活、不争气等，为什么不反思自己哪儿出了问题呢？

我常常思考，每一个孩子天生都拥有天才般可供挖掘的巨大潜能，天生有对事物的好奇心，也就是喜欢学习新东西的本能。每一位家长都渴望培育一个天才儿童，家长要做的只是去开启孩子与生俱来的心灵宝库——潜在的能量。可是大多数家长却忘记了自己的使命：挖掘孩子潜能并让孩子快快乐乐地成长，反之，他们整天唠唠叨叨、喋喋不休地说教孩子，搞得孩子见到学习就心烦、厌学，见到作业就应付了事，上起课来就打瞌睡，上辅导班疲惫不堪，孩子失去了快乐也就失去了活力、失去了原动力，成绩自然也会下降……

很多家长没有关注孩子的兴趣爱好，只考虑个人的虚荣心，和别人攀比，孩子会弹几首乐器的曲目、会写几个漂亮字、会表演几支舞蹈，在朋友面前就有面子，儿童高尔夫培训班作为高档消费，很多家长也愿意花巨资让孩子去学，就是为了让孩子从小培养高贵气质、优雅风度。这种现象是典型的虚荣心的表现。表面上看让孩子高档消费了，但是孩子不感兴趣，结果自然不理想。

2. 金钱换不来快乐

近年来，青少年精英教育比较盛行，很多家长自己省吃俭用，不惜代价投资孩子的精英教育。我认为，家长们如果落入误区、陷入所谓的精英教育（高档消费），一不留意就会培养出只知道享受、不知道感恩的"啃老族""白眼狼"。那么精英教育真正就成了"垃圾教育"。

西方一些国家主张孩子要自食其力，自强、自立、自信。中国很多家长却"一心向学"，把"学习"当作孩子唯一该做的事情，让孩子专门学习，为了节约时间其他事情一律不让做，正常的嬉戏打闹也回避。中西方教育理念的冲突说明了一个重要的问题：孩子的成长成才和家长的教育理念密切相关。

事实上，社会上出现了很多让父母后悔伤心的"白眼狼"孩子的个案，其实这也是父母自己种下的苦果。当初，父母倾其所有给予孩子丰厚的物质享受，但是很多孩子的童年并不快乐，父母忽略了给孩子精神享受，在孩子成长的过程中，他们的性格和认知被扭曲了。而这些家长还经常抱怨，感到自己很委屈，付出那么多，给孩子的都是最好的，孩子教育得仍然不理想。这些问题的焦点在于本该属于孩子的快乐因子缺失了。

如何使孩子快乐，我觉得很简单，就是按照孩子身心发育的规律让他们开开

心心地玩。爱玩是孩子的天性，没有哪个孩子不爱玩，只要父母懂得这个铁一般的规律就会使孩子顺其自然地发展。父母自身的快乐也很重要，当你沉浸在纠结、痛苦、烦躁的情绪中就会影响到孩子的身心发展；当孩子有不良反应时，家长会更加心理不平衡，导致家庭教育的恶性循环，家长和孩子都不快乐。

我们在做社会调查时，经常听到家长说：其实我也想让孩子自由地玩耍，但是社会大趋势都是给孩子报各种培训班，我担心自己的孩子落伍……

江苏大学青年教师王佳佳博士在他的著作《远离学校的教育》中，研究了当代西方国家"在家上学"的运动。根据统计，美国目前有 200 多万孩子在家由父母教育培养。王博士认为，孩子在家，如果家长有正确的育儿观，同样能把孩子培养成很棒的好学生，而不输于学校的孩子。王博士正将自己的理论研究与我国国情相结合，开展相关的研究和推广应用。

我们从王佳佳博士的研究中得到启示：家庭是教育的理想场所，家长是最好的老师。因为很多教育都会表现为原生的模仿：家长常打骂孩子，那孩子也会经常欺负同学；家长爱阅读、爱学习，孩子也喜欢看书；家长快乐，孩子也快乐；家长脸上洋溢着喜悦，孩子就开心活泼；家长整天阴着脸，孩子会感到害怕和压抑。家长通过陪伴孩子玩耍、做游戏把自己的教育理念灌输给孩子，自然而然地让孩子学习，提升各种技能，营造家庭和谐温馨的气氛，对孩子的成长也有积极作用。家长是孩子的一面镜子，孩子就是家长的投射，是家长的影子。

3. 快乐是成长动力

让孩子快乐地玩耍，一些家长总是觉得是浪费时间，相反我认为是在节约时间。花一点陪伴的时间，让孩子学会人生的许多知识，也是为孩子将来的成功奠定基础。可能家长们下不了这个决心让孩子轻松地玩耍。试问，假如孩子趴在桌上发呆、烦躁，作业还是无法完成，即便做好也是错误百出，你觉得有意义吗？倒不如让孩子们痛快地玩个够，再去学习，可能会有更好的效果。

曾经的我也和你们一样，常常看到儿子疯狂地玩我就心虚，觉得别人的孩子在学习，我家的孩子在玩耍，会不会和别人孩子的距离拉大？可是后来我意外地尝到了甜头，每次我放纵儿子玩个够，他做作业却比平时认真且速度快。我终于想明白，与其在那里磨磨蹭蹭浪费时间，倒不如就让他先轻轻松松地玩吧。

我发现儿子在玩耍中还会经常发现一些问题，此外他在玩耍中也要消耗体能，回家后食欲也增加了，我觉得儿子疯狂地玩也是一种变相的体育锻炼，玩好再做作业,学习和体能锻炼双丰收啊!你看,看问题的角度很重要,如果常换个角度思考心情会好很多。对待孩子自由玩耍这件事,家长能看成是一种体育锻炼,这有多好啊!家长朋友们,不信你们也试试?

还有一个重要因素:玩耍中能挖掘孩子的各种能力。玩乐能开发智力。家长通过和孩子一起做各种游戏,既能培养孩子分析问题和解决问题的能力,又能提升孩子的观察力,还能增强亲子沟通,掌握孩子的心灵密码。

美国著名教育家卡尔·威特,生了智力有点弱的小卡尔。卡尔·威特总是设计各种有趣的游戏吸引小卡尔的注意,把枯燥的学习变成生动、活泼、有趣的游戏学习模式,把复杂的公式定理变成为简单易懂的知识点,使得小卡尔从一个公认的低能儿成长为出类拔萃的成功人士。

德国著名教育家卡尔·威特的成功经验就是:以快乐为前提,把枯燥的学习统统想方设法地变成有趣的知识,让孩子觉得学习有趣,把烦琐的作业变得有趣味,让孩子高效率、高质量地去完成;把面广量大的信息分解成有趣的模块,让孩子轻松记忆。用这些方法和理念让孩子们快乐地学习知识,应该是我们广大家长追求的共同目标。

第二单元

挖掘孩子的多元智能

当代著名心理学家和教育家霍德华·加德纳的著作《多元智能》自2003年出版以来,在全世界引起很大的反响,随后在我国学龄前、小学生、中学生教育中得以广泛实践和运用。

霍德华·加德纳经过多年对心理学、生理学、教育学、艺术教育的研究,证明了人类思维和认识世界的方式是多元化的。他归纳人类"多元智能"共有八大类,每一种智能在人类认识世界和改造实际的过程中都发挥着巨大的作用,都同样重要。每个人都有多元智能的潜能,有的智能是显性的,有的智能是潜性的,需要家长和教育者去发现、引导和培养。

每一种智能都有自然的发展轨迹,源于原生的模仿能力。这是人的原生能力,也是所谓的天赋。原始的智能在孩子出生的第一年里占主导地位,例如,有的婴儿出生后对音乐特别敏感,有的孩子对几何图形特别感兴趣。随着孩子的成长,很多智能会有不同程度的提升。父母如果能了解多元智能的内涵,及时发现孩子的某种智能特长,并且能尽可能多开发,让孩子发展多项智能,让多元智能巧妙地组合,将会让孩子更加出色。为什么在学校里,有一些学生能够全面发展,琴棋书画样样出色,这就因为他们先天和后天的智能得到完美的结合。家长朋友们如果现在了解了多元智能的内涵和意义,就能早点发现孩子的某项带有天赋的智能和不足的智能,尽早培育,为孩子今后的成长打下良好的基础。

1. 八大多元智能

霍德华·加德纳归纳的多元智能共有八项:

(1)语言智能。比同龄人平均写作水平高;能够讲笑话和故事,喜欢文字游戏;与别人交流,有较强的口头表达能力。

(2)逻辑-数学智能。喜欢和数字有关的事情;对数学和计算机有兴趣,喜欢其他的数学或科学游戏;对与科学有关的课程有兴趣,并喜欢上科学方面的课程或课外做科学小实验。

（3）空间智能。能清晰地描述可视的形象；喜欢幻想；擅长绘画；喜欢搭建三维积木；关注和空间想象有关的话题。

（4）肢体-动觉智能。在一两项运动项目上有特长；表现出好动、爱敲打等现象；喜欢拆拼东西；把所有看到的东西都摸一遍；手工娴熟；或在其他运动方面，身体上有较好的协调和平衡能力。

（5）音乐智能。对歌曲有很好的记忆力；说话或动作有节奏感；当音乐响起的时候有喜悦的感觉；喜欢听音乐；喜欢唱歌。

（6）人际智能。喜欢和同伴进行社会活动；感觉像天生的领导；喜欢教其他孩子一些技能；有两个或更多的亲密朋友；情商较高。

（7）内省智能。独立性强或有主张；独立学习和娱乐时表现很好；有很好的自我方向感；能正确地表达自己的感受；有较强的自尊心。

（8）自然观察智能。较多地谈论喜爱的宠物和喜欢的自然风光；喜欢水族馆、动物饲养所；对学习生态学、自然、植物和动物有兴趣。

孩子们身上或多或少具有以上智能。有的孩子全面发展，样样拿得起、放得下，人见人爱。但有的孩子从表面上看，所有的智能都不够出色，于是被贴上标签，称之为"笨孩子"。其实这些所谓的"笨孩子"有可能深藏着某项特别的天赋。典型的案例：有先天智力障碍的舟舟音乐智能超过常人，能出色地指挥交响乐团演奏。

再联想到众多的孩子，他们的身上也会有潜在的智能等待挖掘，家长、老师和孩子零距离接触时间多，有时不经意间就能发现孩子的某个天赋，要善于发现孩子的能力。每一项智能都重要，家长不要单纯重视学习智能，而轻视运动和音乐智能等其他智能，应让每项智能都相互促进。不断提升更多的智能，对孩子成长意义非凡，就像学会弹琴能增强孩子记忆力，对学习有帮助；多运动，有助于训练反应，也能促进其他智能良性发展。这些最终都会促进智力水平的显著提升。

2. 多元智能实践

我通过组建孩子的学习团队，引领孩子们在学习营地快乐地学习，自我管理、相互竞争、挖掘潜能、全面提升学习能力，使他们成为名副其实的优秀孩子。

"多元智能组合"的雏形是我原先创办的"快乐学习小组"，是以自己儿子和他的一群小伙伴作为研究对象（邀请朋友和同事家孩子），把他们组成学习小组，取

得了较好的成效。通过 10 多年的跟踪调查,小组 12 名成员中,大学本科毕业率为 100%(其中有两名是农民工子女,其中一名通过大学英语专业八级考试),6 名孩子达到研究生学历。特别是自己的儿子从一名"问题学生"成长为德才兼备的青年才俊,整个成长过程也是历经磨难,现在可以作为教学实践的成功案例展现给大家。

3. 正确地评价孩子

中国式教育评价孩子是否聪明,总是唯分数论,哪个孩子考试成绩好,就认为这个孩子聪明,反之就是笨。但是,国际上很多从事心理科学研究的科学家并不赞同这种简单的评价方法。

美国心理学家托马斯·阿姆斯特朗在霍德华·加德纳多元智能理论研究的基础上,用不同的方式实施多元智能理论。关键点在于:考虑了不同人之间的许多差异,以及对学生的多种评价方式。

美国心理学家托马斯·阿姆斯特朗提出了与我国评价学生截然不同的全新理念,基本含义是每个孩子都有自己独特的智能强项,有的是显性的,有的是隐性的,需要发现和挖掘那些天赋。他能客观地看待孩子某些不良行为,让我们教育工作者为之震撼。

托马斯认为这些学生通过他们不良的行为潜在地提醒老师:"老师,如果您不通过最自然的学习途径教授我,猜猜会怎样呢? 无论如何,我都会做这些事。"这些蕴含特殊智能的不良行为,其实是在寻求一种帮助,暗示出学生需要怎样接受教育。

另一种判断学生的智能因素倾向的方法是观察他们在学校的余暇时间里干什么。换句话说,也就是当没有人告诉学生该做什么事时,他们在做什么。

如果课堂上有"自主时间",学生可以自主选择一些活动,观察他们选择了哪些活动。有语言天赋的学生可能选择书籍,喜欢参加社会活动的学生倾向于小组活动或与人聊天,有空间感的学生倾向于绘画,喜欢身体运动的学生选择动手活动,有自然主义倾向的孩子会选择沙鼠笼和鱼缸。观察这些孩子最初的行为,可以描述出他们是如何最有效学习的。

科学家实证研究表明:儿童从那些能够帮助他们思考自己学习过程的教学方法中受益。当学生能够选择正确的解决问题的策略时,他们在新的环境中也会变得更加能够自我激励。

很多父母每天和孩子朝夕相处,却不一定完全了解孩子的潜能和哪些智能出众。每个孩子身上都不同程度地存在各种智能,有的是显性的,有的是隐形的,大多数孩子的多元智能没有得到充分、有效的释放和挖掘,但有时家长在不经意间能发现孩子的某项才能。

每个家长都希望孩子全面发展、琴棋书画样样出色,一些优秀的孩子确实做到了,但有些孩子只有少数才能表现突出。那么如何很好地引导孩子,挖掘其自身的潜能,把隐性的才能挖掘出来变为显性的,这是需要家长自己学习的,在陪伴中觉察孩子的多元智能的表现。

家长朋友们,你们在生活中和孩子相处的时间最多,要充分利用时间资源,运用多元智能理论引领自家的孩子。你周围的一切都是资源:隔壁邻居家的花园,小区里种的各种植物、小昆虫、小动物,经常带孩子去水上世界、水族馆、动物园参观游览等都能提升孩子的自然才能;成语接龙游戏、童话故事等能启发孩子的语言智能;参加音乐会、娱乐活动、练习乐器等能提升孩子的音乐智能;脑筋急转弯、数字游戏等提升孩子的逻辑思维智能;观察公交司机开车、大吊车司机操作、做身体协调游戏等提升孩子的身体协调智能;经常陪伴孩子,带孩子参观游览、遇事多和孩子商量、教孩子如何和小朋友友好相处等,能提升人际智能(表1)。总之,家是孩子的训练场,家长是孩子的教练员,应学会寻找一切公共场所的资源,帮助孩子开发多元智能。

表 1　培养多元智能的有效方法

多元智能内容	有效的培养方法
语言文字智能	1. 随时随地记录自己的想法和灵感;2. 大量阅读自己感兴趣的读物;3. 坚持写日记;4. 经常去图书馆;5. 对不认识的字要勤查字典;6. 每天预留讲故事的时间;7. 玩字词游戏;8. 搜集能锻炼口头语言的笑话、绕口令等;9. 学习一门外语;10. 积极参加学校的诗朗诵及演讲比赛;11. 有条件的话学习辩论技巧。
音乐智能	1. 倾听各种类型、风格、地域的音乐;2. 和家人唱歌或演奏乐器;3. 有条件的话去听音乐会;4. 积极参加学校的文艺活动;5. 学习阅读乐谱;6. 学习感兴趣的乐器;7. 学习编写一段音乐或歌曲;8. 条件成熟时可以参加乐器演奏。

多元智能内容	有效的培养方法
逻辑思维智能	1. 经常玩利用谋略和逻辑的游戏；2. 观看科学和数学的电视教学节目；3. 练习简单的数学心算；4. 探索科学问题；5. 学习奥数；6. 挑战智力难题；7. 和家人共同做科学实验；8. 经常看《十万个为什么》；9. 积极参加学校的科技活动；10. 学习奥数解题方法；11. 学习计算机技术和网页制作方法；12. 经常思考科学问题、善于向别人请教。
空间智能	1. 探索艺术世界；2. 从杂志、报纸、明信片、照片中搜集各种感兴趣的图片并制作剪贴簿；3. 用相机拍照记录生活点滴；4. 玩一些改变图形的游戏；5. 学习用计算机技术设计作品；6. 学习绘画技术；7. 学习大自然写生；8. 建立自己独特的"艺术世界"；9. 欣赏大自然的美景；10. 观察世界：用显微镜、望远镜、放大镜观察物体的形状；11. 练习用图画表达自己的心意。
身体协调智能	1. 练习手眼协调性；2. 通过体育运动提高手和眼的协调能力；3. 练习打哑谜游戏；4. 积极参加体育锻炼，发掘体育特长；5. 孝敬父母，给他们揉揉肩、捶捶背；6. 寻找机会学习手工活，如编织、剪纸、制作模型、刺绣等；7. 学会给自己减压，舒缓身体紧张造成的不适；8. 学习武术；9. 增加业余爱好，如轮滑、自行车、游泳、篮球、排球、足球等。
人际交往智能	1. 搜集同学好朋友的联系方式并制作通讯录；2. 尽可能多地认识新朋友；3. 练习观察他人；4. 主动帮助他人，以助人为乐；5. 主动与他人共同学习，取长补短；6. 积极参加班级竞选；7. 在家庭练习做"领袖"，召集家人开会；8. 寻找良师益友，指导自己进步；9. 不放过一切学习的机会；10. 练习结交朋友，学会与人交往；11. 虚心学习他人的优点。
自我认识智能	1. 经常审视自己，多问"我怎样"；2. 记录自己的感觉、想法、回忆等；3. 学会制订近期和远期目标和学习计划；4. 练习写"自传"；5. 每天给自己打分，看自己是否表现出色；6. 经常和他人对比找差距；7. 尊重自己内心的感受，大胆地向家人表达出来；8. 做好自己感兴趣的事情。
自然智能	1. 不论身在何处都要细心观察自然；2. 种植家庭小植物，观察它的成长；3. 经常仰视天空，观察星星、云彩等自然现象；4. 观察动物；5. 收看动物世界、国家地理、探索频道等电视节目；6. 阅读天文地理书籍、杂志；7. 积极参加学校组织的亲近自然和科技活动；8. 保护环境，当好志愿者；9. 和父母共同参观水族馆、植物园；10. 搜集大自然的各种标本；11. 学习做家务，学会做简单的饭菜，如蛋炒饭、水果沙拉、凉拌小菜等。

第三单元
家长必须善于情绪调控 >>>

请思考：你平时指导孩子学习是否有耐心？看到孩子行为不符合自己的心意时是否立即生气，甚至会暴跳如雷？面对孩子出现的问题时，你能掌控好自己的情绪吗？

Part 1　你了解自己的情绪吗

生活中，人的情绪变化很大，如何控制自己的情绪也很有学问，家长让自己每一天开开心心的，给孩子的也是一种正能量。下面二项测试表可以用来自我检查一下自己控制情绪、驾驭情绪的能力如何。

1. 测试你在生活中如何表现愤怒

（1）你是否与家人或亲近的朋友吵架？（　　）

A. 经常发怒，甚至只因为一点小事，尽管自己知道错了但难以开口承认

B. 遇事易发怒，可当事情过去之后，觉得有些惭愧

C. 从来没有真的发怒，每当别人发怒时，自己觉得好笑

（2）如果有人对你不好，你会怎么做？（　　）

A. 攻击他

B. 想让他感到痛苦和罪恶感

C. 忽视整个事件

（3）你是不是喜欢说真话？（　　）

A. 是的

B. 担心会引起麻烦，有时不说真话

C. 不是,心里想的与口头说的常常相反

（4）睡觉突然被人吵醒,你会怎样? （　　　）

A. 有点不舒服,过会儿就没事了

B. 不开心

C. 心情变坏,感到愤怒

（5）愤怒的时候,你会打人吗? （　　　）

A. 是的,打过几次

B. 心里想打,但是没有做

C. 从来没打过

（6）在不开心时,你会摔东西吗? （　　　）

A. 是的

B. 在特别生气时摔过

C. 从来没有

（7）你做了激怒朋友的事,但你觉得自己没有错,你会怎么做? （　　　）

A. 对此保持沉默

B. 想去道歉,但是坚持回避这件事

C. 大胆地向他们道歉

（8）你的朋友不断地骂你,你会怎么做? （　　　）

A. 发脾气,和他对骂

B. 虽然忍耐,但心里很愤怒

C. 心情保持平静,等事后再理论

（9）你会经常为一些事情而愤怒吗? （　　　）

A. 是的

B. 有时会

C. 偶尔

（10）你遇到不愉快的事情,是否会向你亲近的人发火? （　　　）

A. 从不

B. 经常

C. 试图克制,但无法控制

评分方法:（1）A. 1分　　　　B. 3分　　　　C. 5分

　　　　　　（2）A. 1分　　　　B. 3分　　　　C. 5分

　　　　　　（3）A. 5分　　　　B. 3分　　　　C. 1分

(4) A. 5分　　　　B. 3分　　　　C. 1分

(5) A. 1分　　　　B. 3分　　　　C. 5分

(6) A. 1分　　　　B. 3分　　　　C. 5分

(7) A. 1分　　　　B. 3分　　　　C. 5分

(8) A. 1分　　　　B. 3分　　　　C. 5分

(9) A. 1分　　　　B. 3分　　　　C. 5分

(10) A. 5分　　　　B. 1分　　　　C. 3分

44～50分：情绪掌控优良；38～43分：情绪掌控较好；30～37分：情绪掌控一般；30分及以下：情绪掌控较差。

2. 测试你在生活中克制愤怒的能力

(1) 你买了一样新玩意儿，但很快就坏了，你会怎么做？（　　）

A. 联系店家，温和解决

B. 尽一切可能要求赔偿

C. 骂经理一通，讨说法

(2) 因为别人的原因导致你没赶上火车，你会怎么做？（　　）

A. 感到难过，但什么也没说

B. 告诉那人，让那人难堪

C. 像往常那样耸耸肩没事了

(3) 凌晨 1 点，你被邻居家的音乐吵醒，你会怎么做？（　　）

A. 直接冲过去，命令他们停止

B. 次日早上从门缝放进一张纸条，礼貌地告诉他们扰民了

C. 非常生气，但忍受着

(4) 你在单位里发脾气吗？（　　）

A. 是的，常对上司发脾气

B. 是的，常对下属发脾气

C. 从不发脾气

(5) 当在电影院看到的是一部很差的电影，你会怎么做？（　　）

A. 中途悄悄地退场

B. 坚持到散场

C. 在公共场合说出自己的不满

（6）排队时有人插队,你会怎么做?（　　　）

A. 拍拍他的肩膀,礼貌地提醒他排队

B. 用眼睛狠狠地瞪着他

C. 向队伍里的人大声说抱怨的话

（7）在一家高级宾馆,服务员将汤洒在你的衣服上,你会怎么做?（　　　）

A. 真诚地说没关系

B. 表现出很不高兴的样子

C. 骂他:你没长眼睛吗?!

（8）你预约候诊,但医生很忙,也很慢,你会怎么做?（　　　）

A. 继续耐心等

B. 离开,重新预约

C. 愤怒地大声抱怨后离开

（9）如果售票员对你态度粗暴,你会怎么做?（　　　）

A. 你想他可能是遇到不开心的事了

B. 生气地想以后不要再看到这人

C. 以同样粗暴的话语回敬那人

（10）一个陌生人和你吵架,你会怎么做?（　　　）

A. 尽快从中解脱

B. 尽量不发脾气,好好解释

C. 告诉他他有多无耻

评分参考:（1）A. 5分　　　B. 3分　　　C. 1分

　　　　　（2）A. 3分　　　B. 1分　　　C. 5分

　　　　　（3）A. 1分　　　B. 5分　　　C. 3分

　　　　　（4）A. 1分　　　B. 1分　　　C. 5分

　　　　　（5）A. 3分　　　B. 5分　　　C. 1分

　　　　　（6）A. 5分　　　B. 3分　　　C. 1分

　　　　　（7）A. 5分　　　B. 3分　　　C. 1分

　　　　　（8）A. 5分　　　B. 3分　　　C. 1分

　　　　　（9）A. 5分　　　B. 3分　　　C. 1分

　　　　　（10）A. 3分　　　B. 3分　　　C. 1分

44～50分:克制能力优良;38～43分:克制能力较好;30～37分:克制能力一般;30分及以下:克制能力较差。

从发展心理学的角度看孩子的成长,每个人从出生到慢慢长大成人,要经过很多个心理发展期。当下社会上父母对孩子的教养用几个词可形容:渴望成才、急功近利、忽略陪伴、缺少愉悦。出现这种社会普遍存在的现象也是有原因的。社会压力如人才竞争压力传给父母,他们带来的教育压力又会传递给孩子。

父母在没有释放情绪、处理好自己的内在压力时,去管教孩子往往效果不佳。家长及时调整好自己的情绪,在愉悦的情绪状态下去教育管理孩子,会收到较好的效果,即用正能量或负能量处事,效果完全不一样。

1. 思维决定情绪

让我们了解一下现实世界和感知方式之间的关系。

当你在管教孩子时,情绪烦躁、不愉悦,那你的思维即做出对负面的客观解读,出现不合逻辑、扭曲的、脱离实际的结论。如对于孩子做作业磨蹭等现象,如果家长心情烦躁,那么会立即做出结论:孩子想偷懒、是不爱学习的坏孩子、孩子愚笨等等。

图 3 让我们很清晰地了解到任何情绪都与我们的思维有关。上述举例中,当孩子做作业磨磨蹭蹭时,家长应去积极反思、思考原因:好的学习习惯平时怎样养成? 有什么好方法能让孩子不磨蹭? 孩子为什么爱玩? 等等。

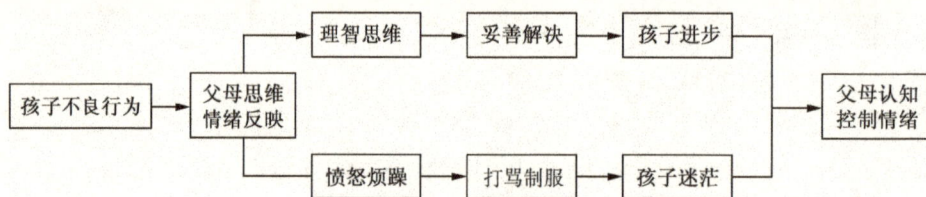

图 3　认知与情绪关系图

从图 3 的分析可知,如果家长思维出现消极想法,由孩子的不良表现立即表现出暴怒、烦躁的情绪状态,势必会出现不良结果,导致孩子的问题更加严重。反之,当家长通过正确的思维理解孩子,寻找日常有效的管理孩子的方法,就会收到理想的效果。

2. 父母的认知误区

很多年轻的父母在教育孩子的过程中过于着急,望子成龙,望女成凤,经常患得患失。长期保持这样的情绪状态会感染孩子,影响孩子健康成长。

父母常常会出现以下错误的思维模式:

(1)以偏概全

对孩子而言,一次不小心打破了一只杯子,父母就会下结论:这是个粗心的孩子,下次你不能再碰杯子了。当父母以偏概全时,其心理思维方式就会发生变化,会认为这个事件会一直发生,结果导致孩子失去锻炼的机会。

(2)非此即彼

在评价孩子的品质时,陷入非黑即白的极端评价模式。孩子一次考试失败,父母就认定:你是个笨蛋。思维走极端化,遇事钻牛角尖,把自己逼进"死胡同",没有换种角度思考问题。

(3)负面心理

无论是中性的,或者是正面的事件都能变化为负面的心理体验,总是专挑消极的细节专注回味,使心理变得抑郁。这是一种离谱的心理错觉,是认知的扭曲。这样的思维模式对人的心境是具有破坏性的,人永远生活在阴影中,没有快乐的体验,看到的永远都是孩子的缺点。例如:当被别人赞扬时,他心里会想:你在恭维我,我其实根本没有那么好。有负面心理思维模式的人生活得很痛苦。

(4)自寻烦恼

生活中,忧心忡忡、患得患失,敏感任何事情与自己的关联,比如同事不讲话了就认为别人生自己的气,然后就回击别人;当给妻子或丈夫发短信,对方没有及时回复,就引发冷战,最终得知对方根本没有收到短信,其实整个过程都是自寻烦恼。

(5)乱贴标签

经常会用贴标签的形式评价自己、他人和孩子,总是会"我是……""他是……""孩子是一个……"分析其结果,造成消极情绪抑郁,降低家庭幸福指数。给他人乱贴标签易引起混乱,工作中造成同事关系恶化。对自己的孩子乱贴标签危害更大,对孩子的身心健康起负面作用。

以上几种不良的思维模式导致负面情绪的产生,广大的读者朋友们也请认真地审视一下自己,对照看看你与哪几个模式相似、相同或根本没有。请做一次测试,如果有一到两条符合,说明你是一个不够积极乐观的人;如果基本相符,每个模式都有相似或全部符合的,则说明你是抑郁症患者,需要进行医学治疗;根本没有相符的人,恭喜你,你是一个乐观开朗、积极进取的人。

3. 父母的"完美主义"

"完美主义"是带有诱惑性的好听的名词,也会掩饰人的一些心理问题。完美主义者常常会给自己造成痛苦的体验,让我们来探究一下吧。完美主义者的典型特征:事事过度追求完美无瑕;不能尝试任何新事物;精神始终紧张,一旦某件事没做好,就寝食不安;对他人要求高,甚至吹毛求疵;人际关系不理想。

心理学研究表明,完美主义者背负着沉重的精神包袱,内心有对事业成功的追求,对家庭、夫妻关系和谐的渴望,对失败的恐惧。完美主义者对孩子事事都高要求,经常表现为焦虑、沮丧和压抑。完美主义者没有从每一次失败中总结经验教训,而是想着如何避免尴尬。

特别是很多父母对孩子的要求极高,孩子考试每一次都要求进步,考了好成绩,让孩子再提升名次。即便孩子考到班级前三名,他们也希望争取班级第一;得到班级第一,还要争取年级第一,无止境的要求让孩子感到巨大的压力,觉得永远在父母的严格要求下生活,很累很累。

> 只考90分啊?
> 气死我们了!

冥想练习

现在,请读者坐好静下心,让自己坐姿舒服并调整呼吸,微微地闭上眼睛,开始冥想:如果在你的面前有两道门向你敞开,一扇门是完美之门,它华丽精美,充满诱惑,你渴望走进去,但是事与愿违,你怎么走总会出现一堵墙,你着急了,拼命撞那堵墙,结果撞得头破血流;而另一扇门是普通之门,你觉得它太普通太平凡,心里根本不想走进去,但其实在这扇门后有神奇的花园,当你进入后,你会感到非常快乐,有很多惊喜等着你去发现……然后慢慢地回到当下。体会一下冥想的体验感受。

面对完美主义,我们要改变观念,首先认识到完美主义的危害性,它会阻碍人的发展,坚持完美主义的父母在教育孩子时也会增加烦恼,导致教育的失误,

遗憾终身。其实,应科学客观地认识完美主义。世上根本就没有完美,完美是人类最大的错觉,往往越追求完美,就越会感到失望。

完美与平凡是相对的抽象概念,因为事无完美,不能把虚无渺茫的事作为包袱压在自己身上。让我们卸掉包袱,接地气,走普通、平凡之路,会收获意外的惊喜。

战胜完美主义的有效方法:

(1)端正动机,自我提升,加深对完美主义的认识,列出完美主义的不利因素,分析利弊,从观念上决定放弃。特别是要从促进孩子身心发展的角度看待孩子的成长和教育,经常换位思考。

(2)列表评估自己追求完美的效能、起因和结果,进行分析对比,查看实际获得快乐的程度和个人内心的幸福指数。建议重视事件的过程,看轻结果。例如:完美主义者制定了一个较高的目标,然后就拖拉时间,对自己怎么也不满意,逼着自己实现制定的目标。如果我们换一种思维,只在乎你所努力的过程,奋斗的成就感就会使你快乐起来;也可以调整自己的目标,变复杂目标为简单目标,变远期目标为近期目标,对自己做出正确的评估,然后脚踏实地地努力,就会有意外的收获。

(3)向信任的人倾诉心声,当完美主义者在追求完美的进程中遇到障碍,感到自卑、紧张、焦虑时,要想方设法减压,不能掩盖不良情绪。找自己信任的人、长辈、妻子或者丈夫倾诉心声,缓解压力,释放负面情绪,降低自己的期望值,传递正能量,能让自己变得轻松和快乐。

Part 3　家有"闹星"该怎么办

我在心理咨询中,经常遇到"抓狂"的家长,他们一遍遍地诉说自己的痛苦,我非常能理解他们的心情,因为我也有这样抓狂的经历。每次听完他们的诉说,我会认真地帮他们梳理事由、分析问题的实质、平复他们的情绪,最终综合分析,开出一个相对合适的"处方"。

我想用我心理咨询中的两个真实案例,和读者分享一下遇到会"闹"的孩子,应如何去面对。(案例中的人物就用咨询师、父亲、母亲、女儿作为称呼)

特别爱哭闹的女孩

上个月,女孩的父亲和母亲来找我咨询,两人唠叨了很多。我建议他们单独咨询,于是孩子的母亲离开了。

孩子的父亲拿出他的日记给我看,其中有些话我摘录下来,在此分享:"今天,我到了吃不下、睡不着的地步了,真的要抓狂了,女儿怎么这么不听话呢?软硬不吃,放学回家就是不愿意做作业,催她快点做,她就说肚子饿了要吃东西;吃完东西,再催她时,她说要上洗手间解大手,半天不出来,找出各种理由不学习。我气得发火了,她就大哭,还把文具摔得满地都是,我已无法忍受了,就想狠狠地揍她一顿。孩子妈总护着女儿。一家人每天这么闹下去,我的寿命要减少了,痛苦得快要崩溃了……"

看了这个女孩父亲写的日记,确实让人心酸。

咨询师:你女儿何时有这样状态的?

父 亲:小学一年级功课不多,回家后搞这个那个的我们也没有多想,就依着她呗。但随着时间的推移,我们感到每天很累,被她搞得筋疲力尽,我们自己的生活都被打乱了。如果不陪她折腾,作业不交,老师就批评或打电话给我们。

咨询师:你和其他孩子家长有联系吗?别人的孩子如何呢?

父 亲:我们同事的孩子和我女儿一个班,那孩子可好啦,每天回家不用家长催,自己做作业,自己检查错误,在班级里成绩和表现都名列前茅。

咨询师:那你为什么不去和你同事交流一下,了解一下他孩子是如何做到自觉学习的呢?

父 亲:也交流过,我同事说在上幼儿园,准确地说当孩子听懂话时就开始有意识地给孩子灌输一些家里的规矩,即吃喝拉撒睡等等。当时我觉得每家就一个宝贝,她想舒服点儿就顺其自然吧,没想到现在搞得一团糟,唉!

咨询师:孩子生下来就是一个健全的独立人,但他们不是生活在真空里的,家庭教育的理念、生活的环境、父母的生活方式、家庭和谐指数等因素的不同,培养的孩子也会不一样。你回忆一下,你家女儿很小的时候难道也会摔东西、发脾气吗?

父 亲:女儿小时候很可爱,也听话,没想到现在变得我都快不认识了,好伤心。

咨询师:伤心没有用,需要解决办法,也急不得。今天我先给你们几个建议:

(1) 小学四年级是很重要的年级,即将迈向高年级,功课繁忙,维持稳定的

学习状态是当务之急。首先要让你女儿搞清楚为谁而学习,也就是要树立她对自己负责的"责任心"。

(2)你们夫妻两人要学会冷处理,孩子闹,你们心里再急也要保持冷静,平静地看着她闹,等她不闹了再和她讲道理,告诉她不做作业的不良后果,一定克制住往日的不理智,不吵不叫,让女儿觉得你们改变了,期待她也冷静下来。这是第一步要改变的行为。

(3)刚开始在讲道理时,孩子会产生逆反情绪,可能听不进,因为很多不良习惯一旦养成,想改变不容易,需要时间。但没关系,万事开头难。只要你们耐心和气地与女儿交流,只要你们有耐心、有信心,一定会改变现状的。

(4)你们夫妻俩每天吃完饭,也可以故意寻找点"功课"做做,比如当着孩子的面看看业务书、写写日记、学习计算机或网络技术,交流一些正能量的话题等,让孩子看到爸爸妈妈的明显改变。榜样作用通常很有影响力。

(5)当孩子又发脾气时,你们可以和她交流,告诉她父母很爱她,知道她心里不开心了,想听听她为什么不开心。倾听是很重要的,帮助她分析问题,引导女儿快乐学习。可以用一些奖励的办法:提前做完作业奖励积分(记账式地给予资金,平时让女儿自己支配消费)。给女儿制作一个表格:记录每天做作业的时间,当女儿看到自己不断地挑战自我,一天天地加快速度时,就会获得成就感;你们夫妻多挖掘孩子的闪光点,及时给予表扬。

前不久,孩子的母亲也来找我进行心理咨询。我给她把脉,她的主要问题是:经常和先生的意见不统一,造成规矩意识混乱,你说一套,他说一套。有时候夫妻两人因为意见不统一还争论不休,甚至吵架。当自身情绪没有处理好,又看到女儿不好好学习,于是乎夫妻俩会把不良情绪转嫁到女儿身上,常常大吼大叫,女儿的情绪也会失控。

我告诉她,一个优秀孩子的成长少不了父母的教育培养,少不了一个温馨和谐的家庭环境,少不了父母的榜样力量,少不了良好的情绪控制能力,少不了社会正能量的熏陶,最重要的是父母自我的觉察能力和情绪控制能力的提升,当家长能够掌控好自己的情绪时,就能很好地驾驭孩子的情绪,一切就会变得轻松起来。

案例二　　　　　　　　　爱搞破坏的阿弟

阿弟的妈妈向我哭诉:我的儿子几乎天天都要搞破坏,把家里的很多东西都搞坏了,特别是有时还差点出危险,每天都要有专人负责盯紧他。真是急死我们了！请问咨询师有什么好办法？

咨询师：你家儿子几岁了？

妈　妈：阿弟今年上幼儿园大班了。

咨询师：那你说说他都破坏哪些东西呢？又是如何破坏的呢？

妈　妈：他看到家里任何东西都会捣鼓一下，特别是新买的东西，更是感兴趣。平时把家里的雨伞拿出去，到水塘里面挖水，或者当降落伞往楼下扔，家里几乎没一把好伞。还有就是对电器产品感兴趣，前几天把一个小炖锅干烧坏了。我们担心会出危险，真是着急啊！

咨询师：听了你的话，我觉得你们不用太着急，反而我认为你的儿子很有观察力，也爱动脑筋，本质上是好事。只需要你们正确引导，说不定他将来还能成为科学家呢！

妈　妈：啊，真的吗？

咨询师：凡事都有两面性。表面上看，这是讨人嫌的事件；但实际上这反映出孩子爱动脑筋，生活中爱观察，对一切东西都觉得神奇，想探索里面的奥秘，是好事。家长不要大惊小怪，针对每一次孩子的破坏行为要就事论事地分析，因为6岁的孩子已经有是非观念了，告诉他破坏东西的危害性，可以从物质的价值、使用的安全性方面进行必要的正面管教。

妈　妈：那你不让他搞东西，他会感到难受啊。

咨询师：你们也要用智慧，家里坏了的伞可以给他继续扔，把家里的废旧钟表打开给他看。你们和他一起像做游戏一样地"搞破坏"，在快乐的体验中去正确地引导他。

妈　妈：您说得有道理，以后我也不打他了，好好地引导他发挥自己的特长。

咨询师：建议你们帮他报一个模型班，让他能专注地自己动手进行一些复杂的模型制作，减少对家庭物品的破坏。

妈　妈：谢谢您的指导。

咨询师：不客气，相信你的儿子今后会很棒的。

第四单元
亲子沟通实用技巧

Part 1 懂点心理学能理解孩子

作为父母,不需要把自己训练成专业的心理学专家或心理咨询师,但是,要学会了解你的孩子心里想什么、行为表现意味着什么,也就是要能掌握孩子的心灵密码,而不是靠臆断或猜测。能做到这点,你基本上就能理解你的孩子,并对他们做到平等、尊重、鼓励,你的教育会得心应手。

当代心理学之父阿尔弗雷德·阿德勒和鲁道夫·德雷克斯与其他学者观点不同,他们崇尚社会平等、相互尊重、相互鼓励,并提出了整体论以及人的潜能的概念。

1. 孩子的行为受信念驱使

父母学习一点儿心理学,对孩子成长有帮助。当父母面对孩子的严重不良行为时,不必惊慌失措,要有信心去面对,用自己所学的心理学原理去解决问题,帮助孩子走出困境。

也会遇到这样的情况。当孩子出现行为问题时,家长就把学到的一点简单的技术用到解决问题中,努力做到耐心,也会运用表扬的方法;当没有效果时,就进行惩罚并暴怒起来,但是,孩子就是软硬不吃,什么方法也不起作用。有研究人员把这样的孩子诊断为"对立违抗性障碍症"。

其实,在潜意识中的信念会通过助长一种行为的感觉,从而导致做出那种行为。通俗点解释,就是潜意识里的想法造成了人的一种感觉状态,然后这种感觉造成了某种行为,被称为"信念-感觉-行为"模式。因此说,这些行为都是自动发生的,如果父母能认识到这一点就会有办法去改变。

当父母理解了孩子的想法和个人信念时,就能理解孩子的行为了。如果没有理解孩子心里想什么,就会臆断孩子是自控能力差、冲动、不会独立处理问题。总之,很多负面的东西在父母头脑里闪过。

孩子的行为问题不是一天形成的,而是日积月累形成的。父母面对孩子犯错误、表现出令人讨厌的行为时,越是焦虑,孩子越是觉得父母的心不和他在一起,感受不到认同感,有时故意激怒父母,常常让父母焦头烂额。

父母学习心理学,就是为了真实地了解孩子心里的真实想法,其中有些是潜意识的,是孩子小时候埋下的不良潜意识。孩子每一个行为背后都会潜藏着一个原因或理由,所以要想办法尽可能地让孩子吐露心声,帮助孩子挖掘内心曾经的信念。当和孩子达成共识,清除了他们的杂念后,孩子就会轻松减负,行为习惯会渐渐走上正确的轨道,快乐成长,让父母省心。

2. 把爱心真正传递到孩子心中

孩子小时候受父母的精心呵护,父母能够了解孩子的行为表现代表着什么意义。孩子小时候基本上是通过哭声来表达自己生理上的低级要求。当孩子慢慢长大,父母开始觉得不能够完全了解他们的心意;当孩子们到逆反期(青春期),父母觉得孩子变得陌生了,搞不懂他们想要什么。从表面上看,常常是父母无法理解孩子,双方常常发生冲突,结果是两败俱伤。

如何做到把爱心真正传递到孩子心中,让孩子感受到父母的爱,而不是觉得父母在讨厌自己、对自己失望和无奈? 这是有学问的。

一方面,父母要和孩子共同面对问题并共同寻求解决问题的办法;另一方面,要和孩子之间做到亲密无间。这是父母需要学习的。

父母意识到自己的问题,想改变旧的习惯,但是需要时间。即便父母想换位思考,站在孩子的立场上思考问题,有时仍会不知不觉地回到了旧的观念。因此要真正地改变,需要用爱心传递正能量。当孩子的信息场域和父母的信息场域是同频时,孩子就能接收到父母的正能量,孩子内心深处的信念就会发生改变。一旦信念发生改变,孩子就会变得听话,父母的理念也得到贯彻了。

我们用一个不太确切的比喻进一步做说明——让成长中的孩子当好驾驶员,家长做一名副驾驶。驾驶员自己把握方向盘选择路径,朝着既定目标前进。家长既然坐到了副驾驶位置,就要把控自己的角色,不可以喧宾夺主,关键时刻可以友情提醒一下。

养育孩子,一定是以鼓励为主,注重孩子长期的正能量灌输,才会使孩子快乐成长和获得成功。

世界著名诗人卡里·纪伯伦在他的散文诗集《先知》"关于孩子"一章中,发表了关于养育孩子的独特见解:

你们的孩子,都不是你们的孩子,

乃是"生命"为自己所渴望的儿女。

他们是借你们而来,却不是从你们而来,

他们虽和你们同在,却不属于你们。

你们可以给他们以爱,却不可给他们以思想。

因为他们有自己的思想。

你们可以荫庇他们的身体,却不能荫庇他们的灵魂。

因为他们的灵魂,是住在"明日"的宅中,那是你们在梦中也不能想见的。

你们可以努力去模仿他们,却不能使他们来像你们。

因为生命是不倒行的,也不与"昨日"一同停留。

当代人看到卡里·纪伯伦的这首诗,可能不一定能够把诗中的精华运用到自己的生活中,正确处理自己和孩子的关系。

写到这里,我还是要呼吁:改变自己的教育方式,既不骄纵也不控制孩子,运用积极、有益、尊重的相处模式培养一个好孩子。

Part 2 　家长如何运用权威

每个父母最头疼的事就是孩子逆反、不听话,甚至和他们吵闹争斗,有时父母花了九牛二虎之力想镇压孩子,结果孩子继续做出干扰父母、满足自身要求的行为。这是世间最普通、最常见的亲子沟通问题,即亲子冲突处理的问题。

美国著名心理学家卡尔·罗杰斯的博士生托马斯·戈登开发了"父母效能训练"课程,简称"戈登方法",闻名全球,能很好地改善父母和孩子的关系,增进亲子沟通的有效性。我学习了相关内容,下面与读者分享体会。

1. 父母内心的权力欲望

很多父母认为和孩子之间应该自己是权威者,孩子应该是服从者。在孩子从小到大的成长过程中,父母扮演主宰者,支配孩子们的吃喝拉撒睡。小小孩没有能力反抗,长大点开始有自己的主见,会表达内心不乐意的意愿,渐渐地开始挑战父母权威,于是父母感到不适应了。

让我们来分析一下权力究竟是什么。孩子用稚嫩的话"父母是大人物""父母什么都对""父母什么都知道"等等来形容父母,因为父母在双方相处中把自己放在了高高在上的地位,认为自己英明正确,他们也从未想过什么是权威。

　　全世界的父母育儿模式几乎是相同的,"我让你做,你必须做"的模式普遍存在。这就是权力和权威的典型表现。但是很多父母却没有理解权威的真正含义。

　　日常生活中有一个引人注意的现象,孩子的父母在评价自己的父母时,能记忆犹新地说出自己小时候如何与父母发生冲突,自己的父母如何限制他们的自由,甚至有时用武力和言语镇压他们反抗行为的经历,然而他们却没有把自己现今管教孩子的经历与父母当年对自己的教育方式联系起来,进行对比和反思。当孩子们慢慢长大,开始挑战自己的权威时,父母就会感到茫然不知所措。

2. 父母权威的源泉

　　父母的权威,最多来源于孩子所需要的特定事物,也可以说是孩子赋予了父母的权威,因为孩子依赖于父母去满足自己的需求,包括生理需求和心理需求。

　　例如,婴儿出生后到会走路阶段完全依赖父母满足自己的生理需求。他们饿了通过哭闹获得奶吃,困了也是通过哭闹获得父母的摇篮曲,帮助进入梦乡。再长大一些,孩子学会了走路,开始去触碰好奇的东西,父母可以利用自己的权力进行奖励和惩罚,来决定孩子能否拿到想要的东西。幼小的孩子会从父母的态度中,渐渐明白哪些东西能碰,哪些东西不能碰。这也是最早期的"是非观念"的雏形。

　　这些都是父母希望改变孩子行为的早期训练。也就是说,父母在运用自己的权威,让孩子做某些符合其意愿的事,或者避免做出某些不符合他们期望的事情。设想如果在日常生活中,父母有意识地影响孩子,让孩子知道自己什么样的表现会得到父母的夸奖和物质奖励,什么样的行为会得到惩罚,这样孩子的行为习惯就会从小自然养成,成为乖巧懂事、礼貌、听话的好孩子。

　　但是在生活中也会发生父母的权力随着孩子一天天长大渐渐变弱,有的甚至失去,这些使父母变得焦虑、无奈,对孩子无视他们的权威感到沮丧。他们清醒地认识到,孩子已不再像从前那样依赖他们了。孩子变得有主见,能独立思考,对那些最初简单的奖励和惩罚方法已经不在意了。因此,父母会不可避免地感到恐慌。

3. 如何合理地运用权力

　　当今中国教育中普遍出现这样的问题:父母运用权力遭到孩子挑战时,会用

"我是为你好""我是关心你呀"等话语试图恢复权力的影响力。热播的电视连续剧《欢乐颂Ⅱ》中几个主人翁的父母都是打着为女儿好的旗号,通过行使父母的权威来控制女儿。关关是个内向、敏感、胆小的女孩儿,恋爱也是暗恋,不敢大胆地示爱对方。她的妈妈每次在她回家寻求家的温暖时,总是会强势地为她安排相亲,也不了解女儿心中暗恋的苦恼,逼得关关只有逃离老家。网络上有个经典的段子:这个世上有一种冷叫作你妈觉得你冷,这个世上有一种好叫作都是为你好。

其实父母根本不了解子女的内心究竟需要什么,他们一厢情愿地把自己的需求运用权力强加给子女,结果往往可以想象有多糟。

真正有智慧的父母会合理地运用自己家长的权力,对待子女的需求深入了解,倾听他们的心声,设身处地地为孩子着想,遇事会换位思考。当了解到孩子内心的期盼时,分清是否要多给孩子们自由的空间,避免强势压制和用武力或语言攻击,导致孩子表面服从,但心里不服。

🌼 面面观

有的父母常对孩子说:我吃的盐比你吃的米还多,我过的桥比你走的路还要多。

换位思考: 子女的路,要他们自己走过后才能记住行走过程中的路障、发生的事以及回去的方向。

很多父母从内心里真的是关心子女,爱他们,他们的错误在于没有正确运用权力去教育子女,只是机械地行使权力。教育学家研究,这些用强权去控制孩子的父母在童年时也曾被自己父母用同样的方式控制。他们的记忆中也包含着痛苦、抗争和逆反,但轮到自己当父母时,却全然不顾后果,依然运用他们的家长权力强行管制孩子。

Part 3 亲子冲突的解决办法

上一节谈了父母的权力,父母利用长辈的地位、运用自己的权力去让孩子臣服,很多时候是有效果的,但是遇到亲子冲突或子女逆反、挑战权力时,有时父母从表面上看就成了输家。那么如何看待输赢呢?

1. 没有输家的解决方法

托马斯·戈登在父母效能训练中提出了没有输家的冲突解决方法，又称为"第三法"，这是一个全新的概念。用传统的非赢即输的强权式方法来解决冲突的父母，也很希望能找到有效的第三种方法。

从理论上分析，当两方之间存在极小或者不存在权力差异时，也就是说父母放弃其权力的状况下，是不会出现因权力而引起的苦恼的。如果父母在已经没有权力优势的情况下还是强行运用权力管教孩子，其结果将不堪设想。

第三法简介：父母与孩子之间面临需求冲突的情况下，父母要和孩子一起寻找解决问题的方案，使双方都能接受。可能双方都会提出一些解决的方案，但当双方达成统一意见时，这个冲突问题也就迎刃而解了。下面用两个案例来说明如何解决父母和孩子冲突的问题。

案例一　　　　　　　问题冲突——学钢琴

妈妈：丁丁，妈妈帮你报个钢琴班学弹钢琴好吗？

丁丁：我不想学钢琴。

妈妈：学习钢琴能够让你大脑变得更聪明。

丁丁：我没有兴趣，觉得没劲。

妈妈：哦，原来你对钢琴不感兴趣。那你喜欢什么？

丁丁：我喜欢模型。

妈妈：现在我们遇到了一个冲突，我想你学钢琴，但是你想安装模型对吗？

丁丁：是的。

妈妈：你能想出让我们都能接受的解决方案吗？

丁丁：要么您带我去老师家试弹一次，看看我是否真的讨厌。如果我真的不喜欢的话也不用买钢琴了，因为钢琴很贵的。

妈妈：然后呢？

丁丁：我想请妈妈帮我在少年宫报个模型班，学习一下安装模型技术，学会了以后周末做完作业再玩模型。

妈妈：你这个建议我可以考虑一下。

案例分析： 以上是母子通过商量来解决冲突的方式。设想一下,如果妈妈强势地认为孩子就应该学钢琴,不听孩子的心里话,那最后的结果可以想象,花巨资买的钢琴也只能当摆设放着了。这位妈妈听了孩子的建议,如果孩子通过试弹钢琴,喜欢上了钢琴美妙的声音,再去学钢琴就是主动学习行为,而不是被动学习,会更有动力。孩子喜欢模型也是对智力、耐力的提升,妈妈同意孩子学,让孩子感到父母的认同,对学习起促进作用,这是良性循环。

2. 让孩子参与讨论冲突问题

以上的案例很简单,让我们看到了丁丁和妈妈通过商量解决了学钢琴和模型的问题,找到了理想的解决方法。妈妈能放下权威,倾听丁丁的心里话,也接受丁丁的建议,丁丁则积极参与了这个冲突的讨论,双方共同寻找到解决问题的办法。

案例二　　　　　　　　问题冲突——踏雪

妈妈：外面下雪了,天很冷,要穿棉鞋,让爸爸开车送你上学。

玲玲：不,我想穿雨鞋踏雪。

妈妈：那样脚会冻坏的,听妈妈的话,就穿棉鞋吧。

玲玲：很久没有见到下雪了,我很想提前出门玩会儿雪,保证不迟到。

妈妈：这样你上学坐在教室里,脚会越来越冷,长冻疮的。

玲玲：妈妈,你帮我准备一双棉鞋放在书包里带到学校,上课前我换上,您看行吗?

妈妈：你的这个主意有道理,可以考虑。但考虑到早上时间紧,建议你放学回家玩雪好吗?

玲玲：好啊。

妈妈：早晨,你穿棉鞋让爸爸开车送你;放学后,妈妈把你的雨鞋带去接你,然后踏雪走回家。

玲玲：谢谢妈妈。

案例分析：妈妈和玲玲为了穿什么鞋观点冲突了，但是通过让玲玲参与讨论商量，分析穿棉鞋和雨鞋的利弊，母女俩非常友好地解决了冲突。反之，如果妈妈运用权力强行让玲玲穿棉鞋到学校，玲玲会难过、遗憾，妈妈因为让女儿伤心，也会感到内疚。玲玲积极思考，通过换鞋的建议和妈妈共同找到双方都能接受的解决方法，实现了"没有输家"的共赢的解决方案。

"没有输家"的第三种解决办法使得亲子双方无须再使用权力，父母和孩子之间不会再有争吵，而是共同协商解决问题冲突。

父母能尊重孩子的需求，用行动向孩子传递：我们尊重你的需求也满足你的权利，但是你也要尊重我们的需求和满足我们的权利。在对待一件事情的处理上我们是平等的。通过共同协商，我们会达成共识，这些都是在传递父母的爱心。

第五单元　提升父母的家教效能

提升父母的家教效能

1. 父母的家庭教育责任

当下社会 90 后也开始步入婚姻，有的年轻人结婚后也没有好好地规划人生，常在不经意间就有了孩子。既然成为父母或者准父母，就要赋予自己新的职责，真正扮演好父母的角色。

可是，中国的家庭模式是父母习惯大包大揽，孩子吃苦耐劳、艰苦奋斗的很多机会已经被父母代劳了，所以很多 90 后的年轻男女结婚后还像个孩子，不买菜不做饭，心理上还没有准备好做父母。

成为父母，要对自己孩子的身心健康承担全部责任，并努力将孩子培养成诚实守信、善良贤德、能为社会做贡献的公民。这是所有父母都想做到的，但是又有多少父母有水平能做到呢？父母和孩子之间如何能做到既亲密又温暖，如何挖掘孩子身心各个发展时期的特点，去理解和包容孩子呢？

这些问题可能相当多的年轻父母从来也没有思考过。如今知识更新迅速，只有加强修养，多阅读、多学习，掌握亲子沟通的技术和提升父母家教效能水平，才能轻松地教育好孩子。

2. 怎样做好高效能父母

一个能指挥孩子的父母一定是榜样，是孩子们心目中的楷模。

前段时间我去一位朋友家做客，一件很有趣的事情让我感慨。他们家的小孙子才一岁，刚刚会走路，歪歪扭扭地去墙角捡了一个很小的纸屑，然后摇摇摆摆地在找东西，原来他在寻找垃圾桶，要把小纸屑放进去。大家都感到很奇怪，没有任何人教他这种事。后来我了解到孩子的母亲特别爱整洁，孩子从很小的时候就经常看到自己母亲见到地下有一丁点儿东西就捡起扔垃圾桶，因此也学会了。这虽然是生活中很小的事情，但是也能反映潜移默化的榜样作用。

孩子成长过程中,父母在任何时候都是一面镜子、一面旗帜,他们的言语、价值观直接影响着孩子的未来。

父母想让孩子诚实守信,但有时自己却在不经意间失信于人。比如一个朋友邀请相约,父母自己不想去,于是无意间当着孩子的面和朋友谎称家里有客人走不开或以其他理由婉拒,这时候孩子记住了家长在说谎话;父母希望孩子慷慨大方,那自己也必须有慷慨的举止,有时候不经意地表现出小气,孩子虽小,但他们看在眼里,却记在心里。

有时候父母的行为充满矛盾,自己做不到的事情,却希望孩子做到。有的人自己下班就打麻将、玩扑克牌,却骂孩子不用功,不做作业。

有一次我看到一个具有讽刺意味的场景。一位母亲拿了根小板子打儿子,一边打一边喊叫:"以后你还打你妹妹吗?再打她,我就打断你的手!"被打的孩子记住了母亲打他的模样,即便暂时不打妹妹,日后也会去幼儿园欺负其他小朋友。

榜样作用很强大,父母总想向孩子传递自己正确的价值观,但是关键在于家长自身能否做到。当家长做不到时,孩子自然也无法做好。

父母往往会在家行使自己的权威,认为孩子小、不懂事,当孩子不接受自己的价值观和行为方式时,通常是父母越使用权威,孩子越反抗,结果也越糟;若父母越开明,以身作则,孩子就越听话。

3. 预防亲子冲突

很多父母通过改变和调整自己的态度,就能避免和孩子发生冲突。有些父母认为无论发生什么事都是孩子的问题,在他们眼里只有"问题孩子",没有"问题父母"。可是事情恰恰相反,没有"问题孩子",只有"问题父母"。

每个人都有通过改变自己来改变他人态度的体验,父母也要通过改变自己的一些态度,去正确看待孩子的一些不良行为,从而改变孩子的行为。父母在面对孩子所谓行为问题的时候,如果多从儿童心理发展的角度考虑,会在生活中减少不接纳孩子行为的次数,扩大接纳孩子正当行为的范围。

有些父母自身没有渠道获得满足感,却想从孩子身上获得,往往渴望从别人对孩子的评价中获得满足感。比如父母自己工作上没有建树,不读书不学习,整天打麻将,却对孩子要求高得很,希望孩子学习优秀,得到别人和老师的夸奖,来掩饰自己内心的空虚和自卑,但有时事与愿违。当孩子看着父母消沉,自己心中

也更厌倦学习，学习成绩自然也好不了。父母骂孩子：你这个没出息的东西；孩子顶撞父母：那你打麻将就有出息吗？出现这种亲子冲突，责任主要在于父母。

很多父母认为孩子是自己生命的延续，在生活中强烈地用自己的价值观影响孩子。父母喜欢为孩子的人生编写程序，却给机会让孩子为自己编程。这些都成了教育孩子的普遍问题。

孩子是父母的亲生骨肉，生理上是他们生命的延续，但是，心理和精神方面却不是父母的复制品。他们是独立人，独一无二的个体，所以父母不可以当与孩子的观念不一致时就表现出强烈的排斥，不可以把自己的理想和愿景通过孩子来实现，只有通过正确的引领、感化才能助孩子成长、成功。

一代人的信仰和价值观未必与下一代人相同，两代人的思想观念可以不同，需要相互理解。如果父母能想通这些问题，他们和孩子之间的冲突也能避免了。

4. 父母要成为孩子的心理师

等到孩子长大，有了主见，父母说的话他们也会思考，也会过滤一下，不会像小时候一样照做了。父母想灌输自己的观点和价值观，如果用以前的老办法强行传达，孩子是不会接受的。如果父母能成为孩子的咨询师，让他们遇到困惑向父母请教，或者父母把一些想传达的观点分享给孩子让孩子自己决定，效果则会不一样。

就像一位咨询顾问向他的客户推销产品一样，如果强行推销，客户会反感，可能生意会泡汤；如果咨询顾问把一些想法提供给客户，给他们考虑的空间，把决定权交给客户，生意则有可能做成。

现在的孩子非常有主见，发现父母经常干扰自己的想法，心里反感时，他们干脆不理不睬，甚至"开除"父母（微信朋友圈中）。孩子有什么想法，也选择隐瞒，不告诉父母。

所以父母要想达到教育孩子的目的，首先要和他们保持良好的关系，克服往日说教、唠叨、威胁、恳求、鼓吹、教化、辱骂孩子的习惯做法，争取和孩子有平等的谈话机会。父母可以充当心理咨询师的角色，为孩子排忧解难，把自己的孩提时代经历中对孩子有帮助的记忆与自己的孩子共情、分享。比如，如何把枯燥的作业变得轻松有趣，如何高效学习以换取更多自由玩乐的时间，如何想方设法把学习问题变成游戏竞赛，激发孩子快乐学习。

当孩子有心理问题时，多倾听他们的心里话，帮助孩子解决一些简单的心理问题。在整个过程中，父母要学会巧妙地把自己的教育观点、正确的价值观、行为习惯等渗透进孩子心里。只有孩子在可以接受时，即天时、地利、人和的时机，父母的教育才会有意外的收获。

Part 2 注重孩子的正面管教

"正面管教"一词，近年来在全世界都备受关注，欧美国家启动比较早，普遍运用。当下中国教育界也提倡"正面管教"。提到"管教"一词，人们会误解为就是"管""卡""压"，还有很多人理解为说教，觉得"正面管教"和通常的教育没有区别，也没有新意。

"正面管教"是一种不用严厉也不骄纵的方法，它是以家长和孩子之间的相互尊重和合作为基础，把和善与坚定融为一体，并在孩子自我控制的基础上，培养孩子具备良好品格并教会他们社会需要的有价值的生活技能。

培养孩子的历程就像马拉松比赛，对家长是耐力的考验。要想实现培养优秀孩子的目标，家长就要踏上"正面管教"之旅。

1. "正面管教"的目标

"正面管教"的目标包括树立正面的自我概念、有责任感、诚实、自我控制、灵活的思维、尊重自己和他人、学会感恩、关心他人、智慧、善于思考等等。

美国"正面管教"创始人，杰出的心理学家、教育学博士简·尼尔森指出"正面管教"要废除惩罚，废除骄纵，使用和善而坚定的话语，让孩子参与设立限制，对孩子提出启发式的问题等。

当今社会，家长管理孩子的模式通常是：孩子放学回家就要立即做作业、看课外书、背书、默写生字等，吃完晚饭还要孩子做课外"加餐"的作业；到了周末才可以给孩子们一点儿时间看电视、上网或玩游戏等，但大部分时间还是要去各种培训班学习。孩子们白天在学校里学了一天，晚上回到家还是学习、学习再学习，你说时间长了，孩子们的学习兴趣还会有吗？

很多孩子刚开始产生厌学情绪时，没有引起家长足够的重视，认为孩子不懂事、懒惰，把应该重视的孩子的反应变成了孩子的缺点，有些家长利用物质刺激、连哄带骗地忽悠孩子，暂时延缓了孩子不良学习情绪的发展，但是没有从根本上解决问题。

孩子承载了家长沉甸甸的希望，但是他们稚嫩的内心却承载不了家长的重压，于是乎孩子便用"磨洋工"的态度应付家长，看似没有玩，学习效率却不高。面对这样的困境，家长们应该反思：如何运用"正面管教"的方法和孩子共同合作，以达到提高学习效率的目的。同时，家长本人也达到了提高家庭生活效率的目的，不用整天像看守犯人似地看着孩子，影响自己的生活和工作。家长可以把孩子节约的时间作为奖励还给孩子自由支配，保障他们有足够时间玩乐，达到学习和情绪的良性循环。

但是，常常看到这样的场景：孩子趴在桌子前，眼睛望着天花板好像在想问题，其实心早就飞到外面了。父母在旁边唠叨："快点做作业啊"，孩子回答说："我在思考啊"；一会儿，孩子又拿起橡皮用小刀像切豆腐一样地切，家长看到说："怎么回事，乱削橡皮"，孩子回答："把擦脏的地方切掉"。总之，不管家长怎么问，孩子都有理由回。通常有以下几种情形：

★ **其一：父母逼着学和弹性学出现两种不同的结果。**

（1）"学习时玩乐"。因为学习时分心玩耍，就会形成一个恶性循环：高压下学习→磨磨蹭蹭、做作业效率低 + 马马虎虎、错误率高→被批评→学习没兴趣→成绩下降→家长焦虑→更加逼孩子学习→高压下学习……

（2）"玩乐时学习"。合理通过游戏和游玩扩大视野，增长知识。通过建立良好的学习习惯和运用一些规矩办法让孩子专心学习，建立良性循环：弹性制学习 + 奖励式学习 + 自主式学习 + 专注式学习→愉悦学习→细致写作业→错误率降低→家长省心开心→多给表扬→增强学习兴趣→抓紧时间→学习效率提升→学习成绩提高→老师肯定→有成就感→愉悦学习……

★ **其二：父母围着孩子学习转悠的错误倾向。**

（1）降低了孩子的责任感：从上小学那天起，就要让孩子拥有一种和成人一样的责任感。每天按时上课，不迟到、不早退，认真学习都是小学生应该做的事，而有的家长把孩子宠爱得像为家长学习似的，动不动流露出孩子学习辛苦、心疼孩子的表现，使孩子误认为是在为了父母学习，而不是为自己学习。一旦失去了学习责任心，就会出现前面的不良学习状态。

（2）增强依赖性，降低细致性：学校教师因为业绩考评，要求家长每天帮孩子检查作业，我认为这会带来"假繁荣"现象。每天看似孩子们的作业都正确，不了解孩子们还有哪些知识点掌握得不牢，到了考试照样出现错误，也不能提高教师的教学水平。孩子因为有父母的检查而产生依赖性，导致平时做作业马马虎虎，不够细心。应该平时让孩子养成好的学习习惯，作业错了，就去面对老师的批评,反而容易让孩子们记住,以后才能避免错误发生。而教师也能了解到孩子错误的原因,上课时可以重点讲解。

我认为,每天的作业就是一个窗口,是孩子学习状况和老师教学的交流平台,不能虚设平台搞"假繁荣"。当今社会的这种现象应该由教师和家长共同努力做好。

★ 其三:给父母的几点建议。

(1)该做的事就要做好:如培养孩子好的学习习惯。不该做的事不用做:如检查作业、代为打扫卫生等等。

(2)培养孩子的独立性要从小做起。时光不可能倒流,一旦不良学习习惯养成,要想改正得花大力气,有时因为细节问题影响孩子一生。父母积极鼓励孩子专心、认真、快速做好作业,把多余的时间奖励给孩子自由玩耍。平时经常提出时间概念,每天的作业用秒表计时,量化考核时间利用率,在一天天的日常生活中提升孩子的学习效率。

(3)帮助孩子向时间要效率,首先要帮助他们建立责任感,帮孩子主动学习;还给孩子自由活动的时间和思考的空间;还给孩子快乐的时光,让孩子在自由的新鲜空气中呼吸,在愉悦的氛围中学习成长。

2. 正面管教的成功案例

引用美国"正面管教"协会创始人简·尼尔森的著作《正面管教》中的一个案例,阐明教育方法的重要性。

案 例

有个13岁的男孩叫凯文,他平时对自己的弟弟极其有攻击性,在学校欺负同学,学习成绩也一塌糊涂,而且经常给老师出难题,让父母非常着急。父母想方设法地帮助他,都没任何成效。学校老师也想了很多方法,奖励、惩罚、谈心都失效了,校方甚至威胁要开除他的学籍。凯文都无动于衷。父母和老师彻底灰心了,认为凯文肯定生理上有问题,患有某种对立违抗性障碍疾病。自然结论就是一句话:差生!无可救药。

但是,每个人都会用通常的方式去评价他,没有一个人去探究凯文心里的真实想法、真实感受。后来,当凯文的父母参加了"正面管教"培训班后,有所感

触，决心用正面管教的方法试一试，试图破译凯文的心灵密码。

于是，父母和凯文一起回忆他小时候的各种往事和情境，凯文说出了一件让父母意想不到的事：在凯文4岁时，和自己10岁的姐姐以及邻居家孩子玩耍，邻居家孩子将洗衣液放在纸杯子里让凯文喝下去，姐姐发现后尖叫着打掉了那个杯子。后来，凯文发现想把他毒死的男孩若无其事，当时他想到自己没有人在乎，死了也没什么关系。就是这个不正确的信念悄悄地潜入了凯文的头脑中，在以后的成长中，他的各种不良行为都是被这个信念驱使着，做出自暴自弃的言行，歪曲自己的本意，做出另类的样子。

当破译了凯文的心灵密码以后，父母经常给予凯文关心，倾听他的心声，更加地了解凯文的心意，让凯文明白父母是非常爱他的。于是，他慢慢地改变了自己的行为，不再打弟弟了；在学校的表现也进步了，学习成绩也提高了，得到了老师的肯定。

案例分析：寻找证据支撑自己的信念，是人类的天性。一些孩子因为心智不够成熟，所以会歪曲某些情形，使之适应自己的信念。当外界用压力刺激他们时，思想会变得更加歪曲、更加危险。很多不正确的信念都是潜意识造成的，正如前面已经分析了潜意识是不会辨别是非的，只会照单全收。所以，今后父母在管教孩子的时候，要记住正面管教的方法，透过现象看本质，即孩子行为背后一定有某种信念的驱使。

Part 3　　拿控规矩和自由赢得尊重

给孩子们自由，并不是撒手不管，让他们无法无天，而是要规划好自由的界限，让孩子们学会对自己负责，学会尊重他人，和别人友好相处。西方人的法规条款之所以特别细，就是为了维护所有人的自由，保障所有人的利益。

1. 正确理解"需要"和"冲动"

在给孩子立规矩之前，家长要分清两个概念："需要"和"冲动"。孩子的需要应该满足；而孩子的冲动要适可而止，要有限度、有规矩，如吃零食、看电视、不睡觉、破坏玩具、攻击他人、强抢东西等等。

通常，物欲感强的孩子是因为精神上缺少爱，精神上得到爱的孩子对物质方面不会有过多要求。例如：中国已经进入二孩时代，当老大发现父母都聚焦在老二身上时，就会通过抢食物、抢东西，甚至搞破坏、装病来争取父母的注意力，争取宠爱，这就是典型的精神上缺少爱的表现。有二孩的家长要在平时特别注意关心老大的心理健康成长，多给予关爱。

家长在立规矩的时候也要正确区分"需要"和"冲动"。很多时候是家长要求孩子怎样怎样，是将家长自己内心的需求强加在孩子身上，有时候不结合实际，孩子自然不能很好地配合完成。还有的家长在发出指令时没有调整好情绪状态，要么发火，要么随心所欲地发号施令。在矛盾和冲动的情绪状态下立规矩是不可能有好效果的，相反，常常会埋下隐患。

家长要明白规矩是一件神圣的事情，不能随便，不能因为家长自己的喜怒无常，使得规矩变成打骂的低级行为手段。这样只能让孩子敬畏一时，却不能敬畏一世，反而会让孩子产生反抗心理。

所以，家长为了掌控孩子，立好规矩，一定要保持良好的情绪状态，用平静和理智的心情管教孩子，这样既能让孩子敬畏，又能让孩子心服口服。同时家长要解决自身的身心合一问题，理清自己的"需要"和孩子的"需要"，自己和孩子是否"冲动"，然后再立好正确的、切合实际的规矩，这样一定会使教育行之有效。

2. 得不到孩子尊重的困惑

曾经有一个教育研究机构做了一项调查研究，对来自美国、日本、中国等国家的孩子做问卷调查，其结果是只有中国的孩子对父母的评价最差，表现在平时的生活中对父母不尊重。为什么中国孩子最不尊重的人是自己的父母呢？分析原因，问题不全出在孩子身上，很大一部分原因与父母的教育方式有关，因为他们的教育失误导致自己在孩子心目中的地位下降。很多父母至今还没有意识到这个问题，觉得得不到孩子尊重，心里很失落，也很困惑，觉得孩子不懂事。

现在有这样几种情形，父母得不到孩子尊重：

（1）经常喋喋不休地管教孩子的父母。他们事无巨细地管教孩子，吃喝拉撒睡样样包办，经常对孩子提出不合实际的要求，要求孩子必须考第一名，有了班级第一，又要求年级第一，总之是没完没了地提出各种要求，让孩子感觉自己永远不能让父母满意。

（2）自己未完成的理想要求孩子去实现。很多家长年轻时没能实现的梦想就想通过自己的孩子来实现，如想当钢琴家、工程师、医生、企业家等。他们忽略

了孩子的兴趣所在,只知道布置任务让孩子去完成,有的甚至动用武力逼迫孩子努力实现他们早年的梦想。

(3)对孩子从小到大、无微不至地呵护,放不下地一切包办,让孩子在精神上难以断奶。所以很多父母到了退休年龄还帮助孩子带孙儿,像个老保姆,但是孩子却习以为常,因为在他们看来这些都是应该的。父母自己都没善待自己,孩子们也没有转变观念,认为让父母带孩子就是让他们享受天伦之乐,经常为了生活小事和父母顶撞,根本没有尊重父母。

想要孩子尊重你,父母自身要反思,努力做到:

(1)不要事事包办,帮助孩子学会成长中应有的技能;

(2)赋予孩子力量,只要孩子有一点点进步都要给予鼓励;

(3)给孩子一点空间,允许他们有自己的秘密和自由;

(4)赋予孩子克服困难的勇气,在他们犯错误"跌倒"时拉一把;

(5)放下权威,尊重孩子的人格,用爱心去了解孩子的真实想法。

有了这样的准备,父母一定能得到孩子的尊重,达到亲子沟通顺畅。

3. 培养孩子客观积极的自我意识

孩子自我意识的发展存在一定的规律,掌握规律就能帮助父母对孩子可能发生的心理行为的变化做到心中有数。当孩子对你说"不"的时候,千万不要紧张或试图用暴力去镇压孩子,而要给孩子选择的自由。在生活中,孩子的吃喝拉撒睡都有他们的喜好,父母只需要把握大的原则,在适当的范围内给他们自由的选择。

例如让孩子吃食物,可以这样说:"你吃黄瓜还是青菜""米饭还是面条""苹果还是香蕉",而不是命令孩子"必须吃黄瓜""必须吃面条"等等。对孩子人格的尊重就是从小培养孩子的积极客观的自我意识。

孩子有怎样的自我意识,很大程度上取决于父母怎样看待孩子,对孩子有怎样的期待。父母对孩子积极客观的期待能促使孩子形成积极客观的自我意识，以及相对应的努力和上进的动力。父母期待目标的合理性也能让孩子自我实现那个目标。

父母心中建立对孩子积极正确的期待时，要做到身心合一。有的家长会不分场合经常对孩子说"你真棒"，内心却想着"你真让我操心"。如此身心不合一，所期待的目标也是模糊的，孩子难以和父母产生积极的互动，积极主动地要求进步。所以，父母从小就要把孩子当作独立人看待，尊重他们的人格，给孩子精神上的自由。这也是父母为自己在孩子长大成人后赢得孩子的尊重打好基础。

生活中，家庭是最好的教育场所。家长可以召开家庭会议，把家庭的一些事务，如购买什么品牌的家电、房屋装修的风格、孩子需要购买的玩具、节假日到何处旅游等话题，通过一家人围坐在一起民主地讨论得到解决，让孩子感觉到自己被尊重，有发言权。这样让孩子参与到家庭事务的讨论和决策中来，可以避免孩子今后无理取闹，也可以帮助孩子自身的积极因素得到提升，对孩子的成长有利。

第三篇

潜教育实操技能

引 言

※ 让孩子像风筝一样悠然自得地在父母的掌控下自由地飞翔

※ 父母抓住手中的风筝线就是抓住了孩子们的良好学习习惯

※ 孩子是父母的影子，发现孩子问题就是发现自己的问题

※ 遵循孩子身心健康特点，以快乐游戏为抓手全面提升心智

※ 通过阅读、记忆、演讲、写作、逃生训练等，夯实孩子们的基本功

※ 每一次相聚都是心灵的碰撞，全面高效提升孩子的心理素质

零单元 "破冰"学习

目标期望

1. 在本书第一篇了解潜教育的目的和意义的基础上,通过认识多元智能,进一步增强养育孩子的信心。

2. 认真阅读写给家长的书信,并转交作者写给孩子的信,和孩子共同阅读,分享阅读感受,从心理上信任这套实操教材。

3. 启动家长学习之旅,为了孩子,从心理上做好准备,学习潜教育的实操技术。

Part 1　写给家长的一封信

亲爱的家长朋友们:

面对很多家长在教育孩子方面的种种困惑、迷茫、焦虑,我通过长期实践和探索研究,始终致力于寻找一种既能提升孩子学习成绩,又能让孩子们积极主动学习,使他们把学习当作生活中快乐的事情做,从而全面提升孩子的综合素质、使之成为优秀学生的好方法。

我经过近20年的理论学习、经验积累,并且以自己儿子为研究对象,在快乐而又艰辛的教育历程中积累了一些实践经验。近年来,我又结合世界前沿的教育理论对过去的实践进行提升和创新。一分耕耘,一分收获,我做到了。集心理学、教育学、自我管理、自然教育、快乐教育、早期教育、亲子沟通技术、医学基础等理论知识作为设计方案的理论指导思想,特别是受到美国著名心理学家霍德华·加德纳创建的多元智能理论的启发,我在本书的第三篇,详细地用80个接地气的实操范例指导家长养育孩子。

本书是在2016年年底出版的《"潜"教育:"玩转"孩子》的基础上,用通俗易懂的文字和方法指导家长朋友们带领孩子快乐地学习,用科学的方法指导孩子们组成学习团队开展各项有趣的活动,提高孩子们的学习兴趣。

设计"四玩一体"独特教学法："玩中学、玩中练、玩中会、玩中乐"；把"被动学——要我学"变为"主动学——我要学"；把"枯燥学——讨厌学"变为"鲜活学——好想学"；把"烦心学——不想学"变为"愉悦学——轻松学"。

潜教育实操技术的实操性强，凡是愿意为教育孩子付出心血的家长朋友们，都能按照教程带组学习。培养时间可自由选择，内容也可根据孩子实际情况进行有针对性地选择。

整个实操教程的特点：使孩子们在愉悦的环境里尽情地游戏、交流、互助、竞赛和户外活动等，能够做到促使孩子掌握学习方法、改变学习习惯、提升学习成绩，达到互学互助、改变习惯、挖掘潜能、共同成长的目的。

家长朋友们，你们可以设想一下，当你们的孩子能够在一个愉悦的学习环境里，你追我赶地互动，轻松自信地发挥自己的特长，学习别人的长处，把原来自己的弱项变为强项，不知不觉地发掘出潜能，学习成绩变得优秀起来，你们一定会由衷地感到高兴，压力也会减轻。希望我撰写的实操技术能为你们养育出好孩子保驾护航。（下一封写给孩子的信请一定让孩子们阅读！）

最后，祝愿各位家长家庭幸福！心想事成！

房德康

2017 年 12 月

Part 2　写给孩子们的一封信

亲爱的同学们：

我是"快乐奶奶"，我专门研究孩子教育。我非常理解你们平时学习生活的苦衷，我知道你们的爸爸妈妈对你们要求非常高，你们也非常希望自己能够成为爸爸妈妈的好孩子。但我知道你们心中的小秘密：你们非常喜欢玩游戏，喜欢外出自由玩耍，如放风筝、游泳、打球、打水仗，甚至玩泥巴和堆沙子等，可是你们处在非常矛盾的处境之中，爸爸妈妈要你们参加各种培训班学习各种技能，要你们多做练习，你们很多自由玩乐的时间被剥夺了，对吗？

"快乐奶奶"非常理解你们的心情，知道你们渴望争取多一点时间快乐地自由玩耍。可是面对那么多的作业又发愁啊，有时会对学习有点儿讨厌对吗？那么，有什么方法可以让你们轻松学习又能取得好成绩，并赢得很多快乐的游戏玩乐时间，更重要的是能赢得父母和老师的赞扬呢？这样的好方法你们想知道吗？

我告诉你们一个好消息：当你们加入"多元智能组合"团队，第一次参加小

组的特别活动，你们会立即被这个团队所吸引，因为每次活动都是在吃喝玩乐和游戏中学到知识，很有趣，一点都不枯燥，让你们感到：哇！学习原来也很有意思啊！你们能轻轻松松掌握知识、增强记忆、挖掘潜能、提高综合能力，在很短的时间里提升各方面的能力。因为快乐地学习，就能感到学习很有趣，学习动力加强了，学习成绩自然就提高了。你们的变化会让爸爸妈妈大吃一惊的，他们会超级喜欢你们，学校老师也会超级肯定你们，你们自己也会更加充满自信，真正成为人见人爱的好孩子。

另外告诉你们一个小秘密：你们的爸爸妈妈学习本书以后，他们会多给你们玩乐的时间，也会理解你们，多留点时间陪伴你们。

当你们看到这本书时，要准备做到三心：有信心、有决心、有耐心。

这个团队学习有别于爸爸妈妈带你们参加的各种培训的单一学习模式，相信你们只要参加过一次活动就会喜欢上这个快乐的学习团队，珍惜大家在一起快乐游戏的机会，也会牢牢记住轻松学到的知识点。你们会惊喜地发现自己做作业的速度提高了，不知不觉中喜欢阅读和写作了。啊！有这么多的美好的期待等着你们去实践，爸爸妈妈等着你们表现呢。

我希望你们能记住我这个"快乐奶奶"。在十多年前，我也是这样教我的儿子的，他现在已经成为优秀人才了。以后我会把他介绍给你们，担当你们的"快乐叔叔"，还有很多我的同事、优秀学生作为你们的"快乐阿姨""快乐哥哥"和"快乐姐姐"。希望你们快乐地学习，个个都成为优秀的学生，衷心地祝愿你们这些可爱的孩子们，天天在愉悦的学习环境中，快快乐乐地成长，成为优秀人才。

孩子们，加油！

快乐奶奶

2017 年 12 月

Part 3　教育问题探讨

中国人口众多，千万个家庭是社会的"细胞"，孩子是"细胞核"。当下，我国已经正式开启二孩时代。家庭的幸福、民族的振兴都和教育密切相关。中国的家庭特点是以孩子为轴心，围着孩子转，小皇帝和小公主比比皆是。可怜天下父母心，父母和长辈宁可自己省吃俭用也要竭尽全力投资孩子教育。

有些父母因为急切想让孩子成才，拔苗助长，为自家的孩子报了各种辅导班、兴趣班等，孩子所有的空余时间几乎都用来奔波于各种培训班和兴趣班之间,结果父母和孩子都疲惫不堪。

试问:面对这些客观现象,家长朋友们是否想要寻求一条有效的教育途径呢?

家长对孩子的评判,基本上只看分数。这是当今社会普遍存在的问题,也是应试教育催生的社会现象。家长们也是无奈的,如果需要立竿见影地评价学习效能,唯一的评价手段就是分数。

试问:孩子的身心健康,父母和孩子的亲子沟通情况,孩子对学习的兴趣、学习效率怎样?

寻求办法:针对这些问题,需要寻求一种能从本质上激发孩子学习的原动力,转变观念,把大众化的显性学习效能,转变为创新的潜性学习效能的方法。

本书向广大家长朋友们介绍的是一种能影响孩子一生的全新的学习模式。并非补补课、辅导一下就立竿见影地看到提高几分成绩,而是从本质上改变孩子的学习习惯、增强孩子内在学习原动力、增强学习兴趣。这就是本书围绕的潜教育主题内容,这些内容的学习好比在给孩子做"成功的投资"。

(1)针对"小皇帝、小公主"的霸气,通过"多元智能组合"的初步组建,模拟创建大家庭,让孩子们打破在家中的优越感,克服娇气。每个同学转变角色,在"多元智能组合"这个"大家庭"中有自己的个性名字、团队组合名称,通过长期的相聚相融、相知相识,增进友谊,提高孩子的情商、团队意识和抗挫折能力。

(2)针对孩子厌学的问题,通过特别的心理行为游戏,寓教于乐。营造快乐学习氛围,激发孩子的求知欲,增强学习兴趣,提高孩子的学习效率和学习主动性。

(3)针对重分数、轻道德的问题,每次聚会都会有主题教育活动,将需要设定提升的各项优良品德渗透到每次的学习中,在快乐的游戏中潜移默化地全面提升孩子们的综合素质,使他们朝着优秀学生的方向努力。

(4)针对家长们是否能"读懂孩子"问题,开展家长"孩子教养问题""亲子沟通"技术研讨。在改变孩子之前,先改变家长自身的教育理念,全面提升家长的亲子沟通的能力和正面管教孩子的真功夫。

Part 4　"多元智能组合"构思

1. 活动方案

(1)"四玩一体"教学法:玩中学、玩中练、玩中会、玩中乐。

（2）八大能力提升：对自我管理、记忆管理、情商管理、意志力培养、应变能力、道德品德、表达能力、创新能力八大重要能力渗透式地进行系统训练。

（3）八大活动实践：开展游戏互动、行文朗诵、辩论练习、才艺竞赛、作文练习、交流讨论、手工劳作、户外拓展八大实践活动。

2. 学习方法

利用现代心理学的多种理论技术，首先催眠孩子们进入轻松愉快的学习状态，产生浓厚的学习兴趣，为今后的全面提升打下坚实的基础。

（1）借助语文科目，以语言学习为抓手和工具，将道德品质和综合能力提升的相关内容渗透到多媒体教学演练中。运用本书的训练方法，既能快速提升孩子的听、说、写能力，又能提升孩子的综合素质。

（2）每次教学过程中运用独特的训练方法，挖掘孩子学习语、数、外的潜能，将语、数、外的知识点渗透到每次课程活动中。引导孩子们谦虚好学、取长补短、共同提高。

（3）从全局观察孩子的学习状况，发现孩子的天赋和特长。每次相聚及时动态记录每个成员的综合表现、找出问题、帮助诊断、分析原因，反馈给家长并提出建议。做到家长联动，共同提升孩子各项心智水平。

3. 活动形式

全新的教学模式：互动授课＋寓教游戏＋交流分享＋现场作文＋辩论演讲＋才艺展示＋户外拓展＋家务劳动＝快乐成长成才＋学习成绩提高＋综合能力增强＋潜能释放充分＋优秀学生倍增＋家长满意度提高

（1）互动授课目标：知识拓展、道德品德思想引领。

（2）寓教游戏目标：训练养成良好习惯、提升抗挫折能力、提升自我管理能力和记忆能力、意志力培养、应变能力加强等。

（3）交流分享目标：培养谦虚好学、追求上进的精神，加强团队意识、表达能力、应变能力等。

（4）现场作文目标：提升意志力、注意力，储存知识，提高学习效率。

（5）即兴演讲目标：发展表达能力、应变能力、逻辑思维能力。

（6）才艺展示目标：训练自信心、表达能力、创新能力、协调能力、应变能力。

（7）户外拓展目标：训练创新能力、领袖精神、应变能力、动手能力、协调能力、意志力、自我管理能力、教育挫折等。

（8）家务劳动目标：学会感恩，训练协调能力、意志力、动手能力，实施挫折教育等。

4. 活动特点

（1）寓教于乐：通过营造和模拟家庭式的轻松氛围，以趣味多媒体互动教学，克服学生在传统课堂教学中出现的焦躁、走神、厌学等情绪，在短时间内提高孩子学习兴趣，特别是语文各项能力的培训效果显著。互动机会多，孩子们的很多优良品质在不知不觉中得到提升。

（2）交融互动：搭建10人左右的家庭式团队，指导者通过和孩子们的互动式授课，充分了解学生学习、心理、能力、优势或弱势等情况；建立家庭成员档案，授课时密切关注学生动态表现，因材施教，让每个学生都得到提高，特别是对智力一般的孩子、性格内向的孩子有很好的提升效果。

（3）知识丰富：团队学习中运用多媒体教学，教学内容丰富。以语文、数学、外语为基础，在娱乐中通过选取大量的励志文章、语言故事、知识竞赛题等"五谷杂粮"，丰富孩子的人文社科知识，扩大他们的知识面。特别要注重结合小升初、中考、高考的作文考试趋势和模式，为今后学生的升学打下坚实的基础。

（4）成才教育：运用心理学原理，将增强自信心，矫正不良行为习惯，培养谦虚好学、团结友爱、自强自立的精神，培养感恩之心，学会倾听等家长所期盼的优良品质，贯穿在成长成才教育理念中。

（5）自然成长：通过潜移默化、快乐地引导学习达到提升学生心智水平，挖掘其综合潜能，全面提高实际写作能力、记忆能力、口头表达能力、团队合作能力、动手能力、分析和解决问题能力、意志力等目的。

布置任务

1. 让孩子们多阅读课外书，争取当"知识超人"。
2. 制订暑假或寒假的语、数、外学习计划和生活日程表。
3. 准备"我爱父母"的演讲稿（300字左右）。
4. 为第一单元准备一两个笑话。

第一单元

搭建互动学习平台 ▶▶▶

目标期望

1. 成立家长互助联盟，可以利用暑假时间，通过家长朋友圈，将同年龄（或相近年级）的孩子们组成学习团队（少则五六人，多则 7～10 人），进行多元智能的训练提升。（建立家长交流 QQ 群、微信群）

2. 快速让孩子们相互熟悉，建立信任感和友谊。

3. 通过游戏让孩子们找到无拘无束、轻松快乐的感觉，达到寓教于乐的目的。在游戏中发展孩子们的语言智能、人际关系智能，提升孩子们的情商。

4. 通过设计名片、主题讨论、游戏等初步了解孩子们的个体情况，如表达能力、动手能力等，启动"多元智能组合"活动的建档工作。

5. 学会运用肢体语言表达内心的意愿，增强身体协调性，发展多元智能中的身体运动智能。

6. 营造温馨愉悦的场景，第一次相聚就要有强大的凝聚力，给孩子们好印象，吸引孩子们向往着下一次的相聚。

物品准备

1. 准备小礼物，事先根据活动性质和小组人数，准备若干份不同的奖品。

2. 若干小五角星贴纸和 A4 打印纸、文具用品（纸和笔、水彩笔 2 盒、手工小剪刀，均自备）。

3. 小食品和饮用水（也可以自带）。

4. 生活词语卡片若干张（事先按照内容要求准备好）。

5. 红、黄、蓝的小旗子各几个。

6. 笔记本电脑、小型投影仪、U 盘、录像机。

7. 个人需要的乐器和用品（除钢琴外自备）。

第1例   "多元智能组"启动仪式

当下社会竞争激烈,父母为了孩子忙于工作,真正意义上陪伴孩子的时间很少,父母总是把孩子送到各类培训班。但是各类培训班大多只是教授知识,孩子们之间缺少互动,很多孩子素不相识,结课后依旧互不相识。现实社会中独生子女仍占大多数,有二孩的家庭中往往第二个孩子较小,两个孩子间无法形成兄弟姐妹的互动。所以说孩子们是孤独的,他们的健康成长需要同龄的孩子们的快乐相伴。

A. 小目标

着重围绕如何把孩子们组织起来快乐学习,给家长和带组老师一些指导,为"多元智能组"即快乐学习小组,开个好头,打好基础。

B. 指导语

1. 指导者开场白（仅供参考）

亲爱的同学们,你们好!

我们真有缘分啊,大家能在这里相聚,组成了一个快乐的学习团队。今天我们这个快乐的团队正式组建了,让我们大家今后像兄弟姐妹一样团结互助,以后要坚持每周×这个时间段大家相聚在一起快乐学习知识,快乐做游戏。

我们团队的名称是"多元智能组",这是团队的大名。不同的小组还有更好听的名字,请同学们自己命名。

"多元智能组"让你们相聚在一起,挖掘每个人特别棒的本领,用科学的方法不断挖掘各自内在的潜能,相互影响、相互学习。

同学们,你们要更新理念,关注显教育的同时,更加重视潜教育。根据你们的身心健康要求,要让每一位参加"多元智能组"的同学,轻松快乐地参加各种新颖的教学活动,例如"四玩一体"教学法——"玩中学、玩中练、玩中会、玩中乐",就能避免枯燥乏味的学习方式,通过很多有趣的游戏增强学习兴趣,开心愉悦地学习,成为人见人爱的优秀学生。

指导者:大家想想,这样的学习形式是不是很新颖啊?

（指导者等待同学们说"是"）

指导者:太棒了! 那你们愿不愿意参加这个快乐的学习团队呢?

(等待同学们说"愿意")

好,我们大家给自己掌声!

(热烈地鼓掌)

2. 指导者自我介绍

(根据自己的年龄)介绍自己:我叫(某某某),我和其他(某某)等人,在这段时间里会陪伴你们,担任你们的指导老师。希望大家给我点掌声,好吗?

(等待孩子们鼓掌)非常棒! 听到大家热烈的掌声,我就有信心了,以后我带领大家开展各项有趣的活动,也带着大家一起快乐地学习。等大家的学习成绩提升了,我会特别高兴的,因为我会有成就感啊。

3. 团队和个人命名

指导者:现在我提议,给我们的团队起个别名,并且我们每个人给自己也起个有个性的名字作为今后我们在一起活动的称呼,大家说好吗?

(等待同学们说"好")棒极了!

那我就带个头了,建议团队名字是:"航空母舰组合"。

(建议同学们多想一些名字,最后举手表决)

我的性格比较阳光开朗,我又是你们的孩子王,那你们就叫我"阳光老大"吧! 你们每个人也像我一样想一想,给自己起一个什么好听的个性名字呢? 建议字数不要太多,2~4个字就可以了。

4. 举手先发言

指导者:现在谁想好就先举手发言。

(注意观察孩子们的反应,记住每个孩子第一次的综合表现,结束后启动孩子们学习的档案的建档工作)

指导者:非常好,刚才大家都能在短时间给自己起好名字,如果觉得不满意,今天回家后还可以思考,下次活动时告诉大家,可以改变的。

C. 现场要求

倾听他们的发言,当场判断他们起的名字是否合适,好的就及时赞美;不合适的就对他(她)说,能否再换一个? 直到全部记下大家的名字,记住真名和新的团队名字,一一对应。

D. 心理暗示

告诉孩子:你很棒! 让孩子们增强自信心。

第2例 个性名片设计

A. 小目标

为了展现自己独特的个性,每人为自己设计一个独特的"个性名片",方便迅速地记住每个小伙伴,很快地相互熟悉认识。

B. 指导语

指导者:现在让我们来为自己设计独特的"个性名片"。

今天我们第一次相聚,相互之间了解不够,为了展现自己独特的个性,我们每人为自己设计一个独特的"个性名片"。为什么独特呢?因为这不同于爸爸妈妈平时用的那种名片,我们的"个性名片"是一个动作加一个自己设计的纸质图片。例如:刚才大家已经给自己起了个好听的团队名字了,你的纸质名片上可以有你的真名,团队名,你的所在学校、班级,你的属相,再设计一些图案等内容。(先后顺序没有要求,自由发挥),另外要做一个能展示你个性的动作。

(指导者自己示范,例如:我很强大,做出握紧拳头的动作)

看看谁设计得最好。设计好纸质名片后,每人展示名片并表演动作,然后大家评比,选出前三名。

> **评选方法**:民主选举,用无记名方式投票。每人面前有纸杯,每人有一个小玻璃球,想选谁就把玻璃球往他的杯子里放,自己也可以投给自己,指导者也有一个球可以投票,看最后谁的球多谁得奖。如果有两个人玻璃球数量相同的话,再对他们投票。一定要公平公正(以后遇到竞赛项目就用这样的评选办法,不再复述了)。

C. 现场要求

1. 根据孩子们的生理特点,每节课的时间尽量控制在一小时以内。也可根据当时现场气氛灵活掌握时间。

2. 注意现场孩子们的情绪,保持愉悦、轻松、快乐的气氛。

D. 心理暗示

学习的愉悦感、团队的温暖、找到了亲密的小伙伴特别开心!

Part 2 多元智能组开展活动(第3例—第7例)

第3例   集体游戏:"心领神会"

A. 小目标

通过有趣的团体活动让学生感到团队的温暖和快乐,从而增强自信心,激发内在学习动力。

B. 指导语

1. 请大家站起来,做个有趣的集体游戏。

指导者:我提议为了相互熟悉,我们相互间给一个友好的拥抱。

(指导者带头拥抱大家,并等待大家热烈地拥抱)

2. 讲解游戏。

指导者:现在我讲解一下如何游戏……

> **游戏规则**:随机分成两组,男女各半,按照老师准备的生活中的名词,一组选派一名成员用动作和简单的语言表达词意(不可以说出和需要猜的物品相关的字),小组里的其他成员根据他表现的动作猜出答案写在纸上,有时间限制。最后两个小组比一比猜对的总数。猜对多的那一组为胜利方,小组全体组员都有奖品。

3. 示范。

指导者:大家知道了游戏规则,让我来示范一下……

(1) 电视:示范者可以说"我们每天晚上坐在沙发上,用眼睛盯着一个东西(做出相应的表情)"。

(2) 拖把:示范者可以说"能够打扫卫生的东西",接着做一个拖地的动作。

(3) 吃面条:示范者要做出吃面条的动作,嘴里发出吃面条的声音。

(4) 跑步机:示范者可以说"用来锻炼身体的东西",然后做出跑步的动作。

（5）溜冰鞋：示范者可以说"能够在地上跑的东西"，再指指自己脚上的鞋子。

（6）照镜子：示范者可以说"一个可以让我们梳妆打扮的东西"，再做出照镜子的样子，一定要表现出爱美的样子。

（7）游戏机：示范者可以用动作和声音模拟打游戏的样子。

（8）洗衣机：示范者可以说"可以把（拉着衣服）洗干净的机器"。

指导者：下面我们开始分组。

随机分成红、黄两组。

4. 请大家站好队伍，指导老师带头和孩子们互动，模拟比赛情况，然后开始比赛。

（营造愉悦的气氛，猜对一个，引导大家鼓掌）

注意事项：① 请做动作的同学面向举牌子的同学，竞猜的同学站在举牌子的同学背面。

② 注意每个题目显示 15 秒钟时间。

③ 需要事先准备要用的词语卡片。

5. 指导者总结竞赛情况，对每个孩子的现场表现做点评和表扬，并发奖品。

C. 现场要求

1. 指导者要善于掌握好时间，调节气氛。

2. 观察所有的孩子情绪，尽量让所有孩子开心地笑，放松下来。

3. 提醒大家有意识地使用自己新的个性名字。

4. 指导者可以选择若干个，也可以自己思考编写几个后抄在纸上，每张纸一个词，方便使用。

5. 专人负责全程录像。活动结束后，把视频转发给每位家长。

D. 心理暗示

1. 我很协调，我的身体运动智能很棒！

2. 我和同学们能增加心灵碰撞，我们很默契。

A. 小目标

营造开心愉悦的气氛,让孩子们放松心情、释放天性、敞开心扉、无拘无束地嗨起来。

情商培养:来自不同班级的学生在最短的时间里能相知、相识,开心地聊天,从而提升交往能力。

B. 指导语

1. 同学们,刚才我们开心地开展了游戏竞赛活动,每个同学都很棒,大家也彼此熟悉了。今天让我们继续敞开心扉,说说心里话。

2. 可以分享笑话;聊一聊你们最喜欢做的事;最喜欢吃的食品;最喜欢看的动画片;最喜欢玩的游戏。

大家随便说、随便聊,尽量把你们知道的好玩的事讲给老师和大家听。

3. 同学们,今天我们希望每位同学都能开怀大笑,把自己准备的精彩笑话分享给大家。在我们尽情地大笑之前,我们要了解一下,笑能给人带来哪些功效?

科学家研究表明:笑一笑能调动全身腹部和面部80块肌肉的运动;笑有很多种,每一种笑都会运用不同的面部肌肉组合;大笑能增加人体的运动,加快新陈代谢,燃烧卡路里。人的笑来源于主管情绪的右脑额叶,每笑一次,就能刺激大脑分泌一种能让人开心愉悦的激素——内啡肽。它能使人心旷神怡,具有止痛效果,是止痛药吗啡功效的40倍。笑还能增进食欲,促进血液循环,使人更加有精神,特别是能放松心情。

笑有这么多好处,每天我们能笑多少次呢? 现在想问问大家。

(等待孩子们的回答)

好的,以后我们尽量让自己开心,愉快地学习、做作业、生活。今天我们就要让自己笑翻天。

4. 我先带头讲几个笑话,希望大家笑一笑,轻松一下。

(1) 滥用词语

小林经常滥用词语,他爸爸很生气。一次爸爸出国了,他给爸爸写了一封信:

我最最亲密无间的、心爱的爸爸,您好!

近来您的身体是否健壮如牛？工作是否蒸蒸日上？现在我向您顷述我的心情：我正在奋不顾身、耍猴玩命地努力学习。老师对我的丰功伟绩很赞赏，经常表扬我，所以我沾沾自喜、洋洋得意。您上次批评我滥用词语，我坚决在今后的日子里前功尽弃、重新做人、痛改前非、卷土重来，请爸爸等待我的捷报和喜讯。

您的首屈一指的儿子

（2）岂有此理

有一位父亲经常对客人介绍自己："鄙人姓张，弓长的张，不是立早的章。"他的儿子记住了父亲的话。一天有位客人来家里，正巧他父亲不在家，儿子主动问客人："先生您贵姓啊？"客人答："我姓李。"儿子自作聪明地说："噢，我知道你是弓长李，不是立早立对吧？"客人奇怪地回答："岂有此'李'。"

（3）地理老师的苦恼

地理老师拿着一位同学交的地理试卷给校长看，说道："校长，学生们答的题目——我国的五大名山之首是赵本山，最著名的江是潘长江。您说我的课如何上呢？"

（4）就比他多一点

妈妈问儿子："数学考试，隔壁的明明考了 95 分，你多少分啊？"儿子回答："就比他多一点。"妈妈很开心地说："宝贝你真棒！"儿子低着头，一脸害怕的样子对妈妈说："中间多了一个点。"妈妈惊讶地问："9.5 分？"儿子点点头。

（5）简明扼要的作文

老师布置学生写一篇作文：《我所见到的一件最美的东西》，收作文的时候，有一位同学的作文共计只有 19 个字："我所见到的最美的东西真是无法用文字表达。"

（6）扬眉吐气

小平对妈妈说：老师讲"扬眉吐气"。我想那只羊很倒霉，还有兔子也生气了，他们都很郁闷啊。

指导老师希望孩子们放开大笑，营造轻松快乐的气氛，放松心情。

5. 现在也请你们把知道的好玩的事、有趣的事讲给大家听。讲完后，要小结一下，故事内容说明什么问题。

6. 哪位同学先开讲啊？

让孩子们尽情地发挥，指导者要表现出非常感兴趣，贴近孩子们的心，为以后的学习活动奠定基础。

耐心认真地听完所有孩子的发言，并根据孩子们说的心里话，联系生活和学习做正面引导。

C. 现场要求

1. 根据现场热烈的气氛,控制好时间,对于没有发言的同学一定要引导他们说话,指导者要充分了解孩子们的喜好,尽快贴近他们的心,使所有人能很快融入到这个团队中。

2. 指导者和助理要及时观察每个孩子的表现,分析其表达能力、应变能力等性格特点。活动结束后,将孩子们的实际表现记录到其个人档案中。

3. 如果孩子们不够放松,有些拘谨的话,指导者就要适时调节气氛,讲几个笑话,逗孩子们开心,尽可能让全队学生开怀大笑。

D. 心理暗示

1. 学习很快乐,生活很幸福,感恩父母。

2. 笑的功效如此神秘,我要开心。

第 5 例　　　　　　　　**游戏:心灵感应**

A. 小目标

通过家长与孩子的游戏互动和相互间的"存款"练习,教育孩子感恩父母,增进亲子沟通。

B. 指导语

1. 第一项游戏:找家人

将孩子的眼睛蒙上后,在所有的家长中挑出自己的家人。(家长不可以发出任何信号,看看孩子是否能准确地找到自己)

2. 第二项集体游戏:传话

大家站成一排,第一个人可以看到指导者手上的题目,其他人反方向站。(一位同学和一位家长相邻着站)

第一个人看到了题目后,根据词义(可以是名词也可以是动词),用肢体语言表达给前一个人,就这样一个个传下去,看看最后一个人是否还能表达题目的正确原意。这个过程体现表达能力和参加者之间心灵感应的程度。

3. 第三项游戏:"存款"练习(家长孩子互动)

指导者主持:选出几对家庭组合分享自己的"感情存款"练习的体会。

(1)家长和孩子手拉手、面对面地说出对方不少于三件让自己感动的事。

（2）向对方提出三点建议。（希望对方能有所改变的方面）

C. 现场要求

1. 观察游戏进行情况，发现有的孩子没有找对家长时，稍稍给一点提醒。
2. 鼓励孩子的现场表现，给每个孩子多点赞。

D. 心理暗示

自己和家人配合最默契、心心相通。

第6例　　　　　"我爱父母"主题演讲会

A. 小目标

通过对"我爱父母"的演讲，感受父母的爱，从小培养孩子拥有感恩的心，学会孝敬长辈。

B. 指导语

1. 昨天布置大家准备一篇短文《我爱父母》，我想大家已经写好，我猜想，你们一定是写你们父母如何对你们好，但有没有写父母平时如何教育你们的事例呢？或者父母有哪些做得特别好的方面？当然，也可以给父母提提建议。
2. 最好能脱稿演讲，可以临时发挥，在最后的评比中加分。
3. 下面，哪位同学带头发言？
4. 请其他同学认真听，虚心向别人学习。

范文举例：　　　　　　　　　**我最敬佩的人**

我心中有很多敬佩的人，其中最敬佩的是我的爸爸。

我的爸爸是一位高级工程师，他的知识很渊博。记得有一次，我们在学校遇到一道数学难题，大家都解决不了，我想我的爸爸也有可能不会做吧。带着这样的想法，放学回家后，准备等爸爸下班回家问。

吃完饭后，我拿出题目问爸爸，真没想到，爸爸不但轻松解决了难题，还用了第二种方法，把解题思路详细地讲给我听。当时我觉得我爸爸好棒啊！

我们家的书房大多数都是爸爸的书籍，爸爸博览群书，收藏了很多图书，不但有工程技术类的，还有人文社会科学方面的，真可以说是一个"小小图书馆"了。

有一天，我很好奇，想翻翻爸爸的书柜。当打开书橱门，见到厚厚的一摞荣誉证书:有优秀共产党员、专利发明证书,还有很多获奖证书。哇,我爸爸真了不起啊!

在生活中,我爸爸也是处处给我起好引领作用。有一次我把苹果核随便扔掉,爸爸见到,就去捡起苹果核扔到垃圾桶里,并对我说"每个人都要保护环境,尊重清洁工人的劳动"。这件事也教育了我。

平时,爸爸对我既和蔼可亲,又严格要求,生活上和学习上非常关心我,经常和我讲道理,有时还给我讲励志的故事,鼓励我积极上进。对我的要求也非常严格,当我犯错误的时候,批评我并分析犯错误的原因,让我明白如何改正缺点。

我还有很多想夸爸爸的话,我为我的爸爸感到骄傲和自豪,我要以爸爸为榜样,做一名品学兼优的好学生。

C. 现场要求

1. 引导大家分析并回忆自己的父母亲给自己的爱、对自己的影响,但也可以向父母提一些希望他们改进教育方法的建议。

2. 关注孩子的发言内容,每一个孩子的发言都要记录其主要内容,看是否围绕"感恩"的主题。如果没有,可以进一步引导。

3. 对每一位孩子都要点赞,现场分析他们说得精彩的地方,说得棒的同学更要表扬。

4. 引导大家互评,让孩子们自己发表意见,选两位发言最精彩的同学。最后指导者要总结点评,前两名为优胜者,为他们发奖品。

5. 选举方法:投小球方法(前文已经说明)。

D. 心理暗示

父母真好! 我一定要孝敬父母。

第7例 **家庭"综合知识"PK 赛**

A. 小目标

通过家庭组合开展知识竞赛,增强孩子们阅读的兴趣,提升家长和孩子们学习的积极性,同时也能增强亲子沟通。

B. 指导语

1. 今天我们组织各个家庭进行比赛,每队两人,由一位家长和一位学生组成。看看哪个家庭组合成为优胜组。

2. 采用抢答题形式。

指导者可以从事前准备好的各类知识题中挑选。

比赛规则:答对得一分,错误扣一分,最后得分最高的家庭为优胜家庭。比赛设置有奖品。

(下面可作为参考题,指导者还可以事前再多准备一些题目)

● **创新思维抢答题举例**

1. **漂亮的杯中花**

在桌子上放6朵一样的花和3个盛了水的杯子。做游戏者需要做的是将这6朵花按下面的方式放入杯中:每个杯子里的花朵必须是奇数,而且这6朵花必须都得用上,不能有损坏。

2. **小强做实验**

小强是一个喜欢思考的小孩,他喜欢研究。一次,他举着两张一样大小的纸,对小伙伴们说:"我不在这两张纸上附加任何东西,但是我可以让左边的纸下落得更快。"你认为他是怎么做的呢?

3. **买不到的书**

英子是个喜欢看书的小朋友。今天,她和好朋友小美一起去书店买书。小美突然想到一个智力题,于是就对英子说:"英子,你知道在书店买不到什么书吗?"英子想了想说:"小美,你怎么会想到问我这个问题呢?"小美说:"因为昨天我在我爸爸公司看到一个漂亮阿姨,我刚好想到她,而且今天又要去书店,我就想到了。"英子听了小美的话以后,很快就说出了答案。亲爱的小朋友,你也可以从小美的话里找出答案吗?

4. **猫吃鱼**

一只猫被人用一根绳子拴在了柱子上,绳子长12米,也就是说它可以到达距离柱子12米的地方。它的鱼离它13米,可当它饿的时候,它却吃掉了那条鱼。你知道猫是怎样吃掉鱼的吗?

5. **巧搬巨石**

一天,一位脾气暴躁的国王带着卫队和大臣们去打猎,路上被一块巨石挡住

去路。国王下令把巨石搬走,继续前行,可是随行的士兵都上前一起搬,还是搬不动巨石。这可怎么办呢?如果因为这块巨石挡路而耽误了打猎,国王是会生气的,后果不堪设想。快来帮忙想一想,用什么办法可以解决这个问题?

6. 雨水盛满水缸

下雨了,娜娜非常兴奋,爸爸趁机出题目:院子里有一个大水缸,下雨的时候,两个小时可以装满。如果雨的大小没变,只是斜着落下来的,那么盛满水缸需要的时间是长了还是短了?聪明的小朋友,你知道吗?

7. "冰"和"水"

帅气的戴维这段时间迷上了中国的汉字,而且在学习的过程中,他发现汉字中有很多有意思的字。戴维用一句话描述出了"冰"和"水"直接的关系:要使冰马上变成水,要怎么做才好呢?

8. 父子俩打猎

一个男孩和爸爸一起去森林打猎,回来后妈妈问他猎到了什么。这个男孩说猎到了六只无头羊,九只无尾兔,八只半松鼠。听了这话,妈妈被搞得云里雾里。聪明的你知道这个男孩到底和爸爸猎到了什么东西吗?

9. 变短的笔

平平正在思考老师布置的一道作业,这时张婧过来了。问平平:"你被什么难住了吗?"平平说:"我们老师说让我把手上的这支笔变短,但是不能把笔折断、锯断或者削断,总之就是不能动这支笔。你知道怎么办吗?"

10. 聚会

王亮和朋友聚餐,他们坐在一个圆桌旁点菜,王亮的左边坐了 5 个人,右边也是 5 个人,请问一共多少个人?

● **逻辑思维抢答题**

1. 输的原因

在一栋大楼的大厅前,父亲和他聪明的小女儿相遇。女儿问:"爸爸你要去哪儿?"父亲说:"我的笔记本放在地下四楼了,这就要去取,你呢?"女儿说:"我也是,我的包放在四楼了。那我们比赛吧,不乘电梯,看谁先回到这里。""好吧",爸爸回答。

于是两个人同时奔向电梯口。父亲忽然说:"不好了,我肯定输了。"

你知道为什么吗?

2. 失踪的大卫

大卫十分喜欢旅行,经常到大山或森林里冒险。但是有一天,大卫在旅行中失踪了。与大卫同行的男子哈尼带警察来到他们的宿营地,指着一棵大树下的帐篷说,那就是大卫的帐篷,大卫是在夜里不见的。警察看了看帐篷,立即说哈尼在说谎。这是为什么呢?

3. 十字架

黛西报了案,她的姐姐安瑞受伤昏迷。警察勘察过现场,发现安瑞是背后遭人袭击而受伤的。安瑞手里紧紧握着一个十字架项链,她好像是在被人重伤前预感到危险了,在用十字架项链说明什么。警官恍然大悟:我知道嫌疑犯是什么人了。你猜到了吗?

4. 报假案

一天上午,小民报案说她遭遇了抢劫。她声称自己早上去菜市场买菜,正在认真挑选青菜的时候,手提包被人强行抢走了。因为菜市场的人实在太多,不一会儿,抢包的人就消失在人海中。小民对警官说:"抢我包的是一个年轻男子,我没有看清楚他的脸,只看见他的背影,但是我看见他左手上有一道很长的疤痕。"警官说:"你撒谎,是在报假案吧。"警官为什么说小民撒谎呢?

5. 错误的号码

乔与妻子最近计划将家里重新装修一下,一直在向别人打听装修公司的情况。这天,乔下班回家,在经过路口等红灯的时候,他从后视镜里看见广场的广告牌上登着室内装潢的广告,于是他就记下了号码:5236258。但是等他到家打电话的时候,却发现这是个空号。乔很纳闷,他明明记的就是这个号码。请问你认为是他记错了,还是有别的原因呢?

6. 问题在哪里

王先生开车去郊外,他觉得这里人烟稀少,就开得很快,结果撞到了一位女士。车子前面撞得很严重,他匆匆忙忙开车潜逃后,改装了汽车,更换了车牌,车头灯也更换了。但是当他以为汽车全部改头换面的时候,警方根据几个目击者对现场的描述找到了他。你知道问题在哪里吗?

7. 作伪证

某公寓发生一起盗窃事件,警察到达现场时,看到桌子上放着半瓶啤酒,是盗窃犯留下的,瓶里的啤酒还在冒泡。住在公寓隔壁的李大叔说:"这间公寓的主人好几天都没回来,昨天晚上大概三点多的时候,我听到这房间里传出很大的动静,以为是他回来了,就没在意,接着睡觉了。今天早上我想叫他去晨练,才发现他家被盗了。"

警官听后说:"你为什么作伪证?"警官为何这样问?

8. 绑架案

汤姆的祖母是个很有钱的老太太,独自一人居住在一栋小楼里。这天,汤姆来看望祖母,他发现楼后花园里的花草好多天没有修剪了,心想要帮祖母把花园修剪修剪。当他来到门口时,看到台阶上放着一瓶已经过期的牛奶和好几份报纸。他觉得情况不对,祖母应该每天都要看报纸的,怎么这么多天的报纸都没拿进屋呢? 汤姆急忙打开祖母家的门,发现祖母不在家。他感觉事态严重,急忙报了警。

警察在勘察过现场后,确定汤姆的祖母被人绑架了。可是谁绑架了她呢?一个警察看了看门口放的牛奶和报纸后说:"我知道绑架犯是谁了!"你知道了吗?

9. 窃贼是谁

张先生坐火车回家,睡了一晚后,清早在车进站停下的时候,他起身到车厢里走走,没有带包。等车要启动的时候他回来了,结果发现他的包不见了。当时周围有三个人醒着,他上铺的人说:"车停的时候我下去买了瓶水,手里拿的水是证据。"他下铺的人说:"我刚才去了趟厕所。"和他临床的人说:"我刚才去隔壁车厢找朋友了,有证人。"根据上面所说的,你知道谁最可能偷了张先生的包吗?

10. 破不了的案子

财富大厦里的保险箱被人撬开,盗窃者偷走了一份秘密文件。在调出录像查看后,警方发现盗窃者装扮得相当缜密,从身形上可以看出是个女人。但让人惊讶的是,她未戴手套,连指甲上鲜红的指甲油都可以清楚地看到,而且从监控中可以看出她并未擦去指纹。于是警察立即寻找她的指纹,但却没有发现任何指纹。为什么这个盗窃犯的指纹会找不到呢?

11. 糖果训练

一位妈妈为了训练她儿子,让他懂得想要什么就要自己去努力争取,每次在给她儿子一样东西的时候都要他思考,今天也不例外。妈妈给儿子糖果吃,但是告诉儿子糖果就在桌上的三个盒子中的一个里面,每个盒子都有一个提示。

绿盒子给的提示是:这里有糖果。

蓝色盒子给的提示是:这里面没有糖果。

黄色盒子给的提示是:另外两个盒子的提示一个是真的,一个是假的,我的话绝对不会错。

儿子想要吃的糖果在哪个盒子里呢?

12. 猜硬币

这是一个很简单的思维游戏。爸爸手里有三枚硬币,两个是一美元,一个是一美分。他对两个儿子说:"我在你们口袋里各放一枚硬币,自己留下一枚。然后,你们摸摸自己口袋里的硬币,再猜猜对方口袋里是什么硬币。"

说完,爸爸就把两枚硬币各自放进两个儿子的口袋里。两个儿子摸到硬币后,都没有说话。过了一会儿,小儿子说道:"我猜到了,哥哥口袋里的是一美元硬币。"他猜得很正确,你知道他是怎么猜到的吗?

13. 箱子里的东西

柜子里有四个箱子,每个箱子上都有一张纸条,分别写着一句话:

A 箱子上写:所有箱子里都是衣物。

B 箱子上写:红箱子里都是上衣。

C 箱子上写:本箱子里没有裤子。

D 箱子上写:有些箱子里没有衣物。

如果这里只有一句话是真的,你能判断出哪个箱子里能拿出裤子吗?

● **脑筋急转弯抢答题**

1. 初生婴儿的牙齿是什么颜色的?

2. 小明的爸爸是警察,他看到儿子偷了什么,却没有多加管教,这是为什么?

3. 好可怜啊,小伟身上被咬了一大一小两个包,请问较大的包,是公蚊子咬的还是母蚊子咬的?

4. 房间里着火了,小明怎么都拉不开门,请问他是怎么出去的呢?

5. 佳佳说他能轻而易举跨过一棵大树,他是怎么做到的呢?

6. 汽水没水了会变成什么样?

7. 爸爸买了一支笔,可是不能写字,这是为什么呢?

8. 老刘一个人睡觉,可是醒来的时候屁股上却有个深深的牙印,这是为什么呢?

9. 哪项比赛往后跑?

10. 小胖不断抱怨自己的体重每天都在增加。可是有一天小胖的体重一下子减少了十多斤,身体还保持健康,这是为什么呢?

11. 小明去商场里买东西,可是柜台的橱窗里空空的,不过小明却买到了他想要的东西。小明买到了什么呢?

12. 什么样的坏人反而让人同情?

潜教育:家教"魔方"

102

13. 森林里有一条眼镜蛇,可是它从来不咬人,你知道为什么吗?

14. 什么东西吃了会吓一跳?

15. 巨轮上的船员,为什么手总是湿的?

16. 很久以前有一座遍地是黄金的山,你知道它叫什么山吗?

17. 医生问病人:"感冒吗?"病人摇摇头。"肚子疼?"病人又摇头。"神经病?"病人再次摇摇头。他究竟是来看什么病的?

18. 为什么人在嘴里放一根木头就很想睡觉?

19. 凯特小姐最容易被误认为是哪种动物?

20. 小强什么都没带,拿了手机就去超市,在超市把他喜欢的东西买回来了。可是他没有带钱和银行卡,怎么把东西带出来的呢?

21. 世界上什么东西以 2000 公里/小时的速度载人飞驰,而不用加油或者其他燃料?

22. 长得望不到尽头的是什么车?

23. 针掉进海里了,怎么办?

24. 4 + 4 + 4 + 4,猜一种水果。

25. 天气寒冷,为什么只有小林全身湿淋淋的?

26. 什么地方出产的名人最多?

27. 什么东西总是牢牢吸引你,让你无法离开它?

28. 有一条路四通八达,但是我们却不能走,这是为什么?

● **猜字谜抢答题**

1. 白公鸡,绿尾巴,一头扎到地底下。(猜一蔬菜)

2. 水上工程。(猜一个字)

3. 世界上最小的邮箱。(猜一成语)

4. 要一半,扔一半。(猜一字)

5. 白柱子光又圆,通心一条线,为了献光明,愿把泪流干。(猜一生活用品)

6. 生来白头,爱抹黑油,闲时戴帽,忙时乱发。(猜一文具)

7. 上课守在身边,放学背在双肩,别看个头不大,里边学问不浅。(猜一学习用品)

8. 有时挂在树梢,有时像个银盘,有时像把镰刀。(猜一天体)

9. 丝丝缕缕轻飘飘,不怕斧头不怕刀,风能把它吹断腰。(猜一生活现象)

10. 铁嘴巴,钢牙齿,不咬别的光咬纸,咬一口,掉个牙,嵌进纸里不好拔。(猜一文具)

11. 几根胡须两边翘，夜晚工作不睡觉。（猜一动物）

12. 尖尖嘴，细细腿，狡猾又多疑，拖着大长尾。（猜一动物）

13. 嘴像小铲子，脚像小山子，走路晃膀子，水上划船子。（猜一动物）

14. 尖尖牙齿大盆嘴，短短腿儿长长尾，捕捉食物流眼泪，人人知它假慈悲。（猜一动物）

15. 长相俊俏，爱舞爱跳，飞舞花丛，快乐逍遥。（猜一昆虫）

16. 鱼中体形它最大，性情凶猛海中霸，嘴里长满尖利牙，大鱼小鱼都怕它。（猜一鱼类）

17. 一棵宝石树，长在水晶宫，看着像植物，实际是动物。（猜一生物）

18. 两块银瓦片，盖屋一小间，一个胖姑娘，羞羞答答住里面。（猜一动物）

19. 一个背，四条腿，天天压它它不累。（猜一生活用品）

20. 有根不着地，绿叶开白花，水里去流浪，四海处处家。（猜一植物）

21. 需要一半，留下一半。（猜一字）

22. 上贴耳朵，下对嘴巴，不用见面，也知事情。（猜一生活用品）

23. 瓷瓶儿真漂亮，打破瓷瓶儿，露出红宝石。（猜一水果）

24. 兄弟几个人，各进各的门，哪个进错了，出来笑死人。（猜一生活用品）

25. 皮黑肉白，肚里墨样黑，从不偷东西，硬说它是贼。（猜一生物）

26. 一物戴上挡风寒，脱下有礼貌。（猜一生活用品）

27. 一个老公公精神好，从早到晚不睡觉，身体虽小力气大，千人万人推不倒。（猜一玩具）

28. 二人力大顶破天。（猜一字）

29. 小小诸葛亮，独坐军帐中，摆成八卦阵，专捉飞来将。（猜一昆虫）

30. 像糖不是糖，不能用口尝，帮你改错字，纸上来回忙。（猜一学习用品）

31. 屋子方方，有门没窗，屋外热乎，屋里冰霜。（猜一家用电器）

32. 一口咬掉牛尾巴。（猜一字）

33. 一而再，再而三，中间一笔连成串，笔画虽少分量重，农民伯伯笑开颜。（猜一字）

34. 生来奇又巧，有毛不是鸟，无翅空中飞，没脚地上跳。（猜一体育用品）

35. 左一片，右一片，说话能听见，隔山不见面。（猜一人体器官）

36. 一个小姑娘，生在水中央，身穿红粉衫，坐在绿船上。（猜一花卉）

37. 一只大雁真稀奇，只喝油来不吃米，银光闪闪展翅能飞千万里。（猜一工具）

38. 门里站着一个人。（猜一字）

39. 最昂贵的稿费。（猜一成语）

40. 最难做的饭。（猜一成语）

C. 现场要求

1. 关注家庭组合的答题情况，及时调节气氛。

2. 坚持友谊第一，比赛第二，开心快乐！

3. 答对最多题目的队为优胜队。

D. 心理暗示

我们家庭的组合最棒！今后我们要多阅读、多充电。

Part 3 多元智能发掘（第8例）

第8例　　　　综合才艺和才华展示

A. 小目标

通过每位孩子充分展现自己的才艺和才华，达到相互学习、增进友谊、挖掘自己潜在的能力的目的。

B. 指导语

1. 亲爱的同学们，今天家长都来观摩你们的表演，上次课布置的作业就是让我们同学们展现自己的才艺，希望大家好好地表现。我们要给每个同学录像，制成光盘，给你们作为永久的纪念。

2. 现在我们需要两位节目主持人，先举行一个小小的竞聘会（无领导小组训练）。

3. 哪两位同学能够主动担任今天的才艺展示会主持人？要求主持人根据每人表演的节目内容，和大家商量一下表演的次序，临时制定节目单，并做好表演的准备。

4. 让我们观看同学们的精彩表演……

C. 现场要求

1. 课前了解每位同学的才艺，列出清单备用。

如果需要钢琴演奏,就要事先考虑到活动地点,选择有钢琴的同学家。

2. 由于大家熟悉程度不够,事先要充分了解每个孩子的性格,预先列出节目单,挑选外向开朗的孩子先表演。再挑选节目主持人,以后让同学们轮流担任节目主持人。

3. 指导者总结,对各位同学的精彩表演给予一一点赞。让同学互评,选出两位表演最精彩的同学,给予奖品。

4. 每个孩子表演完,都要给予热烈的掌声。

5. 我们同样用投小球的办法进行选举。选出两位表现最棒的同学,并发给他们小奖品。

6. 为每个孩子的精彩表演现场录像,活动后集体观摩,并转发给每位家长。或制作个人和集体才艺表演集锦光盘,为孩子们留作永久纪念。

D. 心理暗示

1. 自信心提升:我很有才,我很棒!

2. 他(她)的才艺我也感兴趣,我也要学!(发掘潜能)

布置任务

1. 多阅读课外知识,如:十万个为什么,准备当"知识超人"。

2. 制订暑假或寒假的语、数、外学习计划和生活日程表。

第二单元

提升基础学习能力

目标期望

1. 通过快速阅读训练,学会用关键词完成文章的记忆和存储;用听写文章,即兴表达文章的主要内容的技巧指导练习,加强记忆力训练,提高写作能力,最重要的是提升学习效率。

2. 通过团队组合式学习,在轻松愉悦的气氛中训练孩子们的记忆力,提升孩子们对学习的兴趣。

3. 通过知识竞赛环节,激励孩子们增加阅读量,拓展知识面,模拟江苏卫视《一站到底》节目形式,用全方位的科学及综合知识竞赛,激发孩子们的学习兴趣,同时引导孩子们积极思考,培养多读书、读好书、好读书的好习惯,养成相互学习、共同提高的优良品德。

物品准备

1. 为每位孩子准备若干份奖品,另准备前三名的奖品。
2. 微型投影仪、计算机。
3. 配套的教学 U 盘。

第9例 "眼睛照相机"——阅读提速训练

A. 小目标

通过快速阅读和专注听力训练,提升快速记忆的能力。

B. 指导语

1. 假如我们的眼睛能像"照相机"一样,什么内容都过目不忘那该多好。

记忆是从"记"到"忆"的复杂的心理过程。整个过程分为三个阶段:识记、保持、再现或回忆。

再现阶段又包括遗忘、再认、再现。整个阶段像计算机的操作过程。识记阶段:信息输入(用感官系统收集信息);保持阶段:储存信息(用大脑记住有用信息);再现阶段:将所需信息从储存器中调出。因为人脑不像计算机,部分信息会被遗忘。

心理学家艾宾浩斯研究成果:艾宾浩斯遗忘曲线显示,遗忘的发展进程是不均衡的,规律是"先快后慢"。再认是指当经历的事物再度出现时的确认。再现是经历的事物没有出现时的回忆。所以再现比再认要复杂,再现和再认是不可逆过程。记忆的种类:

瞬时记忆——鲜明的形象性、1~2秒;

短时记忆——1分钟左右;

长时记忆——从十几分钟至几十年。

人脑的记忆真的很神奇,一台功能较强大的计算机,记忆容量是10的12次方,而人的大脑是10的8000多次方,可以说是无穷无尽的记忆容量。通常人脑的记忆容量几乎没有开发,占用空间微乎其微。

假如在座的孩子们的记忆力全部训练好,整个美国国家图书馆的1000多万册图书内容都能记住,可以轻松学会世界上几十种语言,孩子们可以轻松拿到世界各国的博士学位。那该有多好啊。

江苏卫视《最强大脑》节目中有个小选手——心算神童饶舜涵。他在父母的精心培养下,请教记忆专家早期训练,使得他记忆力变得超强,拿到了全国和世界级的各种记忆大赛的金、银、铜等大奖。

饶舜涵等孩子记忆力非凡的实例说明，孩子的记忆力早期可以开发，而且是可以通过家长平时在游戏和日常生活中去训练的。关键是父母的耐心和信心，以及我们孩子们自身的努力。

人脑的左右脑有严格的功能区分。左半脑负责逻辑、记忆、推理、分析等；右半脑负责形象、直觉、情感、美术、声音、想象等。医学上认为：左脑有先天的因素，而右脑要靠后天的开发，只有不断地挖掘右半脑的功能，才能表现人出色的才华。

当我们知道自己有很多的潜能在沉睡时，就要想办法挖掘自己的潜能，让我们变得更加聪明。

要想提升记忆力，先要围绕专注力、观察力、思维力、想象力进行训练，最后才能达到记忆力的提升。

观察力：自己主动地、有意识地去感知外界事物，发现新知识，理解新的学习内容，所以观察力是后天通过自己的努力锻炼出来的。

思维力：对问题的认识、理解、分析、推理、判断等综合能力，是人的智力的核心。这种能力也是通过实践、不断努力提升来的。

想象力：大脑中能够不断地创造出新的形象，不断想象创新的源泉的一种能力，对人的智力提升也起重要作用。

记忆力：能对客观事物进行识记、保持与回忆（提取信息）重现的能力，可以说它是智慧之本。尽管有其他的能力，但记不住事情，大脑中的知识无法得到储存，就像计算机的储存器坏了，计算机等于报废一样。

以上五种能力相互促进、相互影响着。我们智商的提升，可以从这五种能力训练起。

我相信大家一定愿意在平时关注这些能力的提升，大家说对吗？

（等待大家说："对！"）

2. 今天，老师就带领你们实践"照相机阅读法"。

同学们先做好心理准备，需要高度集中思想啊，把自己的眼睛当作照相机，把自己的头脑当作电脑内存一样。一会儿，我们注意电脑屏幕上出现的一段文字故事，时间很短，看看每位同学能记住多少内容。

3. 大家准备好了吗？

（等待大家说"准备好了"）

4. 太棒了！

（提醒大家准备进入思想集中的紧张状态）

5. 请看第一篇文章,用投影仪放在屏幕上,或者把事前准备好的文章的复印件给同学们看。

文章一:　　　　　　　　**诚实和信任比金钱更重要**

(1) PPT 指定页面,展示 1 分钟。

> 一天深夜,我驱车从外地回江苏南京。天很黑,又有点雾,尽管有路灯,能见度仍很差。
>
> 快到家时,汽车刚从一条小路转弯进入大马路,便听到"咔嚓"一声。我认为汽车出了故障,赶快停了车 。
>
> 经检查,发现右侧的反光镜碎了。我往回走了五六米,看见一辆小红车停靠在路边,它左侧的反光镜也碎了。虽然这辆车的车头超出停车线 1 米多,但它毕竟是停在路上的,责任应该在我。
>
> 我环顾四周,不见一人,便在路灯下写了一张纸条,压在小红车的雨刷下。纸条上,我写明自己的姓名、电话,希望车主与我联系。

(2) 请同学们复述刚才屏幕上的内容,看谁复述的内容最全面、最准确。
等所有的同学都发言结束,继续进行。

(3) PPT 指定页面,展示 1 分钟。

> 事隔三天,一位陌生男子打来电话。他就是小红车的主人。我立即对他说:"你好,很对不起,前几天晚上我不小心把你汽车的反光镜碰坏了。"
>
> 他说:"没关系,我已经换好了,我打电话给你并不是向你索赔的,而是向你表示感谢的,因为你的诚信。"我赶紧说:"不,是我要向你表示歉意!请你把修理单据寄来,我把钱寄给你。"
>
> 那位陌生男子说:"不用了,没几个钱,你在无人知晓的情况下主动给我留了条,已经使我很感动了。"我继续强调说:"这是做人的基本素质,是我撞坏了你的车,这笔费用应该由我支付啊。"
>
> 那位陌生男子说:"不! 人和人之间还有比金钱更重要的东西,你给我留下了诚实和信任,这比金钱更重要。你不用放在心上了!"说完他摆下了电话。

(4) 整个文章全部结束,每位同学都能自如地将这篇文章复述出来。

问:哪位同学带头发言。

我们集体讨论一下如何能深度记住这篇文章的：先记住故事的主人公→时间→地点→什么事件→结果怎样→人物的简单对话等。

（5）分析文章。

请同学们边看文章边快速用铅笔把关键词画出来。

例如：

主人公：我、陌生人。

时间：深夜。

事件：我不小心撞坏了陌生人的车，留了条，要求赔偿。

结果：陌生人认为诚信重要，拒绝了。

你看那么长的文章，就这样几句话就能记住了。

阅读有感："我"因为诚实和信任赢得了别人的理解、尊重和感谢。那么，亲爱的同学们，我们又有什么理由不给这世界留下诚实和信任呢？请你记住：诚实和信任比金钱更重要。

（5）用同样的方法，分2～3段让孩子们灵活地"记忆文章"。

文章二：

荷包蛋

（1）投影仪放映文章。

一天早晨，父亲做了两碗荷包蛋面条。一碗有蛋卧在上边，一碗上边没蛋。端上桌，父亲问儿子小林："吃哪一碗？"

"有蛋的那碗！"小林指着卧蛋的那碗。父亲说："让爸吃那碗有蛋的吧！孔融4岁能让梨，你10岁啦，该让蛋吧！"

"孔融是孔融，我是我——不让！"小林一口就把蛋给咬了一半。

"你别后悔啊。""不后悔！"小林又一口，把蛋吞了下去。待小林吃完，父亲开始吃。父亲碗里藏了两个荷包蛋，小林看到了。"记住：想占便宜的人，往往占不到便宜！"父亲指着碗里的两个荷包蛋告诫儿子。小林显出一脸的无奈。

第二次，那是个星期天下午，父亲又做了两碗荷包蛋面条。一碗蛋卧在上边，一碗上边没蛋。端上桌，问小林："吃哪碗？"

"孔融让梨，我让蛋！"小林说得坚决。

小林吃到底，也不见一个蛋。父亲碗里，上卧一个蛋，下藏一个蛋，小林看得分明。

"记住：想占便宜的人，可能要吃亏！"父亲指着蛋教训儿子说。

第三次,父亲又做了两碗荷包蛋面条,还是一碗蛋卧上边,一碗上边没蛋。

父亲问儿子:"吃哪碗?"

"孔融让梨,儿子让面!爸爸您是大人,您先吃!"小林手一挥做"绅士"状。

"那就不客气啦!"父亲端过上边卧蛋的那碗,小林发现了自己碗里也藏有荷包蛋。

"不想占便宜的人生活也不会让他吃亏",父亲意味深长地对小林说。

(2)请同学们复述:荷包蛋的故事。

练习:用上文的方法画下重要的关键词,人物、时间、地点、事件、结果等。

(3)一一分析,通过大家的分析,本文能达到永久记忆的目的。

(4)本文阅读后有哪些想法?大家来分享。

(阅读有感参考)吃面是件很普通的事,本文介绍的是非同寻常的吃面故事。小林几次吃面,做法是不同的。然而不同的结果告诉了人们深刻的道理。这篇短文中爸爸的话意味深长。

(5)布置小练习:每个人进行"自我对话"。

心里默默地与自己对话:"我在家里吃东西像小林吗?"

"小林吃面的故事中,假如我是小林应该怎样做?"

文章三: **老鹰和麻雀**

(1)投影仪放映文章。

老鹰和麻雀同时被人抓住,分别送进了一大一小两只笼子。老鹰以勇猛和热爱自由著称,是"鸟中之王",它哪里受得了这牢笼的束缚!它拼命地冲撞、挣扎,想重回蓝天,高高地翱翔。

然而一切都无济于事,它饥饿疲乏到了极点,耷拉着脑袋,觉得自己就要死了!就在这时,主人给它送来一小块肉,老鹰抓起就吃。啊!多么鲜美的食物!

为了每天能得到一小块肉,它被驯服了!

那只麻雀呢,它也冲撞、挣扎,想冲出笼子,当然也无济于事。当它饥饿疲乏到极点时,主人给它送来了一堆昆虫——这可是麻雀最爱吃的美味。然而麻雀紧紧地闭着眼睛和嘴巴,对美味不屑一顾。

麻雀饿得奄奄一息。主人慌了，叫老鹰去劝劝麻雀。老鹰硬着头皮对麻雀说："为了不被饿死，你多少吃点吧！"

麻雀给老鹰投来轻蔑的一瞥，以极低微的声音说："不自由，毋宁死！"又紧紧地闭上了眼睛和嘴巴！

老鹰被震撼了。它从心底里说："麻雀，我不如你。"

麻雀死了。它用生命捍卫了鸟类最崇高的天性——自由！

在世界上的任何鸟笼里，你不会找到麻雀的踪影。

老鹰呢？成了一只"猎鹰"，与猎犬为伍，成了猎人残杀动物的帮凶。

（2）现在请同学们复述：老鹰和麻雀的故事。

（3）用上文的方法画下重要的关键词，然后一一分析人物、时间、地点、事件、结果等。

（4）本文阅读后有哪些想法？大家来分享。

（阅读有感参考）说起尊严，我们一直以为那是只有人类才能拥有的。其实不然，在这个世界上，不仅是人类，动物也有着不可轻视的尊严。麻雀就是抱着"宁为玉碎，不为瓦全"的信念，用生命捍卫了鸟类的尊严，可歌可泣。而"鸟中之王"老鹰却没能维护自己的尊严，沦为猎人残杀动物的帮凶，可悲可叹。我们每个人也要有尊严，同时还要维护别人的尊严。

第10例　　耳朵录音机（换种记忆的方式）

现在我们换一种方式进行作文记忆学习，刚才是把眼睛当照相机，现在把耳朵当录音机，即用自己的耳朵听。请同学们拿好笔和纸，思想高度集中，听老师朗读，记一些关键词，然后复述给大家听，看谁记得内容全面、复述的时候流畅。

文章一：　　**石头很喜欢捉弄水（强化题目）**

（1）指导者声情并茂地朗读（控制语速）。

石头把水倒进石碗，水就变成圆的。它把水倒进石槽，水就变成方的。它把水注进一条管子，水就变成长的。它甚至叫水钻进石缝，水就灌满了缝隙。"哈，叫她圆就圆，叫她方就方，叫她长就长，叫她钻石缝，她也不推脱。——多么柔弱，多么可怜的水姑娘啊！"石头得意地唱着。天冷了，水结成了冰。

同上,让同学们复述听到的文章内容。

(2)继续朗读。

> 石头看到水结成的冰块,暗暗吃了一惊:"怎么?你想变得和我一样坚硬?"
>
> 冰块没说什么,只是笑了笑。
>
> 这时,石头忽然感到一阵撕心裂肺的疼痛。原来,水结成了冰,体积会增加。注进石缝的水结成冰,正在膨胀,把石缝向外撑开。
>
> 咔!石头被裂成两半。它有气无力地哀叹:"想不到,柔弱的水姑娘竟变得如此坚硬,浑身充满了不可抗拒的力量!"
>
> 当然,它更不会想到,以后,水还会让它变成石卵和沙粒呢!

同上,让同学们复述听到的文章内容。

(3)分析文章

建议同学们用铅笔把听到的重要关键词快速记在纸上,然后把记下的关键词再串联起来,进行复述。

先请同学们发言,他们有什么感想。

(阅读有感参考)我们常说,大丈夫能屈能伸,其实,这石头与水之间也蕴藏着这种弹性生存的人生哲理。先辈给我们留下这样的处世哲学:小不忍则乱大谋;退一步,海阔天空,忍一忍,风平浪静,很多时候这些都值得我们借鉴。

树木为了熬过严冬继续生存,尚且知道暂时褪去它华丽的盛装;水为了实现理想,尚且知道石头叫她圆就圆,叫她方就方,叫她长就长,叫她钻石缝,她也不推脱,更何况作为万物之灵的人呢?

生活中,我们承受着来自各方面的压力,这时候,我们需要像水那样柔韧,卸下重负,才能重新挺立,才能有机会奋起还击。

文章二: **蝴蝶和卫星**

(1)指导者声情并茂地朗读(控制语速)。

> 春天,在明媚的阳光下,美丽的彩蝶翩翩起舞,花纹是那么鲜艳,真不愧是昆虫王国的舞蹈家!你可知道,它那神奇的装束还和人造卫星上天有密切关系呢!
>
> 我们知道,当飞机飞到一两万米的高空时,那里的气温比地面低多了,人几乎受不住那样的寒冷。而卫星穿过大气层后,进入离地球两三百公里的轨

道运行时,朝着太阳的时候,温度一下子可以上升一两百摄氏度;当它背向太阳的时候,温度又骤然下降一两百摄氏度。这种突升突降的温度差,会烤坏卫星的外壳、冻裂卫星上的仪器。航天科学家为解决卫星的温度控制问题伤透了脑筋。不过,你也许想不到,解决这个科学上的大难题,蝴蝶居然帮了大忙。

（2）继续朗读(对重要的关键词进行记录)。

原来,在一些蝴蝶的身体表面生长着一层细小的鳞片,这些鳞片可以调节体温。当气温升高时,这些鳞片就倾斜,以减少太阳光照射的强度。当外界气温骤然下降时,这些鳞片又自动地铺平在蝴蝶身体的表面,让阳光直射在鳞片上,以便吸收更多的热,从而调节蝴蝶的体温。

科学家根据这一原理,将卫星面设计成百叶窗的样子。这种"百叶窗"能放能收。有了它,卫星表面的温度差大大减小,就能安全地遨游太空了。

（3）分析文章

(阅读有感参考)蝴蝶和卫星,一个是经过大自然万般锤炼和洗礼的小精灵,一个是作为万物之长的人类的智慧的结晶。二者似没有丝毫瓜葛,但事实上,科学家根据蝴蝶的生理原理把卫星表面设计成百叶窗的样子,成功地解决了卫星的温度控制问题,为人类的进步做出了不可磨灭的贡献。

近来,仿生学越来越受到人们的关注。人类从动物身上发现了许多奇妙的现象,并受到启发发明了许多对人类有用的东西。如人们从鱼的身上受到启发,发明了潜水艇;模仿鲸的形体,改进了船体的设计,大大提高了船的航行速度。从动物身上了解它们的特点,学会与自然生物和平共处,是人类的必要选择。

（4）请同学来复述这篇文章。可以改变文章内容,但是要求发言不中断(等待同学发言)。

文章三:　　　　　　　　　　**动物预测天气**

大自然中的某些动物对于天气特别敏感。牛和羊常常被人相提并论。牛能预测天气,羊也不例外。

大科学家牛顿有一回听牧羊人说要下雨,他便表示怀疑,因为当时天气异常晴朗。可是没出半个小时,果然下起大雨。牛顿大为惊叹,便去请教。牧羊人说,羊是一只"活湿度计",如果它喜欢躺在屋檐下,表示天就要下雨;

如果羊在草地上蹦跳，则表示为晴天。

在动物界，青蛙被称为"活晴雨表"。当空气干燥时，青蛙皮肤水分蒸发加快，它自然就会待在水中（以保持皮肤湿润）；而在阴湿多雨的季节，包括下雨前，空气水分较多时，青蛙就会跳出水面。正因如此，非洲的土著居民只要看到树蛙由水中爬到树上，便开始采取一些防雨、防潮措施。

麻雀在鸟类中可谓最为常见，但它对天气变化却很敏感。冬季里，如果发现麻雀四处寻食，飞个不停，进巢时，嘴里还叼着杂草、种子之类的东西，这就表明麻雀在囤积食物了，一般3~5天内将要下雪。夏秋季节，天气闷热，空气潮湿，麻雀感到身痒，便飞到浅水地方洗澡散热，这种情况将预示一两天内有雨。如果大群麻雀洗澡，未来则有大到暴雨，故民谚道："群雀洗凉，落雨大又强。"

在寒冷的西伯利亚，也有一种可预测天气的动物，名叫金花鼠。在晴朗的天气里，若金花鼠发出刺耳的尖叫，并窜来窜去，则表明乌云不久就会笼罩天空，大雨将至；若金花鼠在早晨高声嘶叫，则表明傍晚前后会出现坏天气。

指导者或家长可以用同样的方法，选择适合孩子的读物训练孩子。相信坚持一段时间的训练，孩子的作文水平会有很大的提高。

（阅读有感参考）这是一篇提示动物奥秘的科普文章，文章层次井然地介绍了四种动物预测天气的本领。有被称为"活湿度计"的羊，被称为"活晴雨表"的青蛙，对天气变化敏感的麻雀，以及能预测天气的金花鼠。

大自然是最好的老师。只要你有一双善于观察的眼睛，一颗善于思考的心，你就会发现大自然中还有着许多有特殊技能的动物，它们能带给人类无穷的启发。

C. 现场要求

1. 根据时间决定是否继续练习下一篇文章。

2. 引导性格内向的孩子多发言。无论他们发言效果如何，都要给予每个孩子及时的表扬，增强他们的成就感，使他们获得学习的乐趣。

3. 讲解如何进行阅读——反复训练孩子快速阅读，通过理解和记忆储存大量文字信息，达到提高写作和表达能力的目的。

D. 心理暗示

1. 自己的潜力太大了，为自己骄傲。

2. 学习效率和诚实守信很重要。

3. 自己的记忆力最棒！

第 11 例　　　　　　争做"知识超人"

A. 小目标

通过知识竞赛,激发孩子们的求知欲,为他们以后主动大量阅读课外知识和扩大知识面打下基础。

B. 指导语

1. 老师以前对大家不了解,现在想看看在座的每个同学已经掌握了哪些知识。我们也学学江苏卫视《一站到底》节目,今天先尝试着PK演练一下,以后我们会经常开展这个游戏。大家愿意吗?

(等待大家说"愿意")

非常棒!

《一站到底》场景

2. 我宣布一下竞赛的规则。

> **游戏规则**:模拟江苏卫视《一站到底》节目形式,选出一位擂主站在圆心处,其他的同学站在外圈,由擂主选定一位同学,两人PK。输的同学被罚下场观摩。赢的同学成为新的擂主继续选择同学竞赛。答对3题就得到一个奖品,累计奖品;输的同学获得安慰奖。擂主有一次免答权和一次求助机会。最后获胜的同学作为下一次活动的擂主。

3. 现在我们开始竞赛:大家选一位擂主。

同学们之间能选出最好,如果不能选定,指导者可以根据前面几节课孩子的综合表现,帮助推荐一位知识面较广的同学。

4. 现在请各位同学做好准备,开始答题。

5. 因为时间关系,今天第一轮竞赛暂时结束,以后我们还会继续开展。

C. 现场要求

1. 指导者通过电脑亮出题目,逐一过题,让孩子们都积极参与帮助记分,当好监督员。

注:指导者事先准备适合孩子年龄段的各类知识题目。(参考《十万个为什么》)

2. 遇到两人都不会的题目就过,换下一题。

3. 控制时间。每条题目 30 秒钟。

4. 对比赛中发挥不够好、有情绪的孩子重点关注,及时引导他们坚强勇敢面对。

D. 心理暗示

1. 我要增强抗挫折能力,没关系,下次我一定争取获胜。

2. 自己掌握的知识还有所欠缺,要增加阅读量、扩大知识面,为自己加油。

Part 2 加强即兴写作能力(第 12 例—第 14 例)

第 12 例 学习分类阅读文章

A. 小目标

指导者或家长教孩子如何阅读各类文章,以更好地快速掌握文章的中心思想,帮助孩子记牢关键词,潜移默化地训练他们写出好文章。

B. 指导语

1. 怎样阅读写人文章

我们这里所讲的写人文章,主要是指以记人为主要内容的记叙文。写人的记叙文主要是通过对典型事件的叙述和对人物外貌、动作、语言、心理的描写,反映人物的思想品质或性格爱好。

阅读后学习写人的记叙文要注意以下几点:

(1)准确把握人物的形象

人物形象的刻画,一般是通过对人物的外貌、动作、语言和心理等的描写来完成的。

外貌就是人物的外形特征、面容、体态、衣着等;人的动作是受人的思想感情

支配的,能具体表现人物的思想感情和性格特点;语言是人的思想感情和个性的直接而具体的表现;心理活动则能表现出人物的精神面貌和内心活动。

分析好作品中对人物的外貌、动作、语言和心理的描写,就能较好地把握作品所刻画的人物形象。

(2)准确抓住人物的特点

每个人都有自己的特点,而且是多方面的。我们可以从人物的身份、职业、年龄、外貌、动作、语言、生活习惯和个性特征等方面进行考虑,并抓住文中所叙述的典型事件进行分析、把握。

(3)准确抓住对人物的细节描写

细节描写就是对人物的外貌、动作、姿态和表情等细小环节做细致而具体的描写。准确地抓住对人物的细节描写有助于我们准确地把握作品中人物的性格和思想感情。

范文举例: **电视迷外婆**

外婆年近七十,眼虽花,耳虽背,却和电视成了好朋友。外婆虽然听不懂普通话,又不识字,可看到荧光屏上的画面挺有趣,不知不觉就喜欢上了看电视,成了一个电视迷。

每晚,她必找一个最好的位置坐下来,津津有味地看电视。每次电视里播放音乐会和戏曲节目时,外婆虽然听不清,却似懂非懂地跟着唱起来,那声音虽不好听,我却觉得十分有趣。她唱的音准跟屏幕上歌手的总不合拍,经常把我们全家逗得捧腹大笑,但是外婆却很投入地唱歌。

有一次,电视上正放《家庭百事通》节目,荧幕上的高级厨师飞快地把肉切成一条条,把芹菜切成一段段,然后一起放进锅里,挥起铲炒了起来,接着画面一闪,厨师把菜盛进了盘子里,一盘热气腾腾的菜做好了。这时外婆扯着嗓门,一个劲儿地嚷着:"电视上骗人的,芹菜炒肉丝不到一分钟就好啦?其实五分钟还不够呢。"外婆,你可知道,那是黄金时间,画面切换,把烧菜时间省略掉,是为了节省时间呢。

好笑的事还多着呢,某制药厂生产的"快胃片"的广告,才放了一会儿又放了一遍,外婆生气地说:"不到一小时就吃两次药,没病的还不吃出病来。"我听了肚子都笑疼了。

电视迷外婆真搞笑!家有电视迷外婆,笑声不断,她给我们家增添了几分温馨和快乐的气氛。

2. 怎样阅读记事类文章

记事类记叙文主要是通过对某件事的全过程或某一阶段、某一侧面的叙述和描写来表现中心思想的。阅读记事类记叙文要注意以下几点：

（1）了解记叙的六要素

记叙的"六要素"指时间、地点、人物、事情的起因、经过和结果。

生活中的每件事都是发生在一定的时间、一定的环境（地点）里的，还有一定的人物参加，并且有其发生的原因、经过和结果。要看懂一篇记事文章，首先必须了解这六个要素，这样才能理清事情的来龙去脉，从而给自己留下一件事的完整印象。可以按照范文练习写作。

（2）阅读时要理清叙述顺序

写事的文章，一般是按事情发展的顺序写的。任何事情，都是在一定时间、一定的地点发生和发展的。我们阅读时，要理清这些。

（3）阅读时抓住事情的重点

按事情发展的顺序写的文章，是要根据事情的特点，抓住重点来写的。我们阅读时，就要搞清楚这件事具有哪些特点，怎样抓住重点来写。

（4）掌握分段方法，概括中心思想

写事的文章，划分段落时是有规律可循的。一般有两种分法：一种是按"发生、经过、结果"划分的"三分法"；一种是按"发生、发展、高潮、结果"划分的"四分法"。概括中心思想的表述形式一般为：文章通过记叙……（事），说明了（表现了、批评了）……

范文举例：

花灯盛会

"新年来了，我们大家放鞭炮……"我们高兴地唱啊，你看，家家户户都是贴对联，挂灯笼，红彤彤的一片，过年真喜庆！每个人都开心地喜迎春节，多么愉快的春节啊！

吃完年夜饭，我拉着妹妹的手，一口气跑到街上的文化广场。"好美呀！"我不禁发出赞叹。街上热闹非凡，人山人海，车水马龙。我们到街上东游西逛。你看耍狮灯的来了，狮头左摆右扭，上蹿下跳的十分活泼可爱。

"大哥，那边花灯好多啊，我们去那边看吧！"妹妹大喊了起来。真让我喜出望外，有很多五颜六色的花灯，真是太美了！

街上的文化广场，有玩花灯的孩子们，还有各式各样花灯展，在这些花灯中，最传统也最值得玩味的要数那些动物造型的纸灯笼。你看：有活蹦乱跳、

机灵可爱的小狗,有来回穿梭、自由自在的小鱼,有辛勤工作、毫无怨言的黄牛,有神通广大、火眼金睛的齐天大圣等,这么多活灵活现、栩栩如生的花灯,真让我们目不暇接。

整个文化广场热闹非凡,处处欢声笑语、锣鼓喧天,悠扬的唢呐、笛子声,还有演员的婉转歌喉——"正月里来,是新年咯……"那声音悦耳动听。我们尽情地欣赏着,花灯盛会似梦境一样。

夜深了,街上的人渐渐少了,我们依依不舍地离开热闹的文化广场,回到家里,把春节的喜庆场面带入了甜美的梦乡。

3. 怎样阅读景物类文章

写景记叙文是以描写大自然中的各种景象和社会环境中的某些建筑、设施等为主要内容的记叙文。

阅读写景类记叙文要注意以下几点:

(1)看一看文章是怎样运用准确而优美的语言来描绘景物特点的

景物的特点一般是从它的形态、色彩、声音、气味和气氛、意境等方面体现出来的。我们应注意从这些方面学习写景类记叙文是如何运用准确、优美的语言来描绘的。

(2)理一理文章是以怎样的顺序来描写景物的

有顺序的写景类文章能给人以清晰的印象。一般来说,写景可以循着由整体到部分、由远及近、由上到下或者与之相反的顺序来进行。一般来说,描写的对象是固定的,作者也常常采取这样几种顺序:① 按观察的先后顺序写;② 按时间推移的顺序写;③ 按景物的不同类别来写。

(3)想一想文章是怎样运用修辞方法把景物描绘得形象逼真的

恰当的比喻能使景物生动形象;拟人手法的运用更是增添了景物的勃勃生机和情趣;夸张、排比等手法的运用,则可以增加语感,强化表达效果。

(4)体会作者热爱景物的思想感情

"一切景语皆情语",情景交融,情景相生。我们在阅读中应努力抓住文章中能表达作者思想感情的重点语句,反复默诵,细细品味,从而与作者的思想产生共鸣。

范文举例：   **寻找春天**

早上我一打开窗，就闻到了花儿的芳香，那是风儿为我准备的礼物。树上鸟儿在欢快地歌唱，早晨，好清爽！

昨晚下了一夜的雨，空气中充满潮湿的气息，在这气息中包含着草儿的清香，摇一摇茂密的树木，树叶上的水珠纷纷滑落下来，仿佛向你重现昨夜的景象。

今天我和爸爸妈妈披着金色的阳光，迎着温柔的微风，去田野里寻找春天。

一路上，满眼是金黄色的油菜花，阵阵的清香不时扑鼻而来。微风吹过，那些可爱的油菜花仿佛在向我们点头问好，勤劳的小蜜蜂在花丛中飞来飞去，忙个不停，他们要酿造最好的花蜜，奉献给大家享用。

走过油菜花地，就是一眼望不到边的草地，这里嫩绿的小草尖一个劲儿地往上冒，上面有晶莹剔透的水珠，真是漂亮。爸爸说：这就是大地的生命，自然而茂盛。我们蹲下身子仔细地看这片草地，我们发现了许多可爱但不知名的小花，有的是粉色的，有的是白色的，它们悄悄地散落在这片迷人的草丛中，装点着春天的景色，让人陶醉。

我和爸爸妈妈快乐地走在田间小路上，太阳把我们的脸照得红红的，就像涂了一层胭脂。"啊！"妈妈突然一声尖叫，原来是一条小花蛇缠在树桩上，我连忙抓起一把泥扔向小花蛇，只见小花蛇动了动，但还是没有离开树桩。妈妈说："好了，好了！别打扰它了，就让它继续晒太阳，它也想欣赏春天的美丽景色。"

"嗒嗒嗒"又下小雨了，雨水落在潮湿的大地上，溅起一朵朵美丽多姿的水花，滋润着大地，天空中到处弥漫着细细的水雾。此时的景象似油画一般，在这朦胧的水雾中又透着星星点点的绿、红、蓝，非常漂亮，这就是春天。

今天，我收获了太多惊喜，我要将春天的美丽景色珍藏在心里。

4. 怎样阅读状物类文章

状物类记叙文是以临摹物体的形状、特征为主要内容的记叙文。阅读这类文章可以锻炼我们的观察能力和描摹能力。

阅读状物类文章要注意以下几点：

（1）注意描写事物的手法

注意体会文章是怎样抓住描述对象的外形特征来进行描摹的，并注意文章对它们的静态和动态描写。任何物体，无论是花草树木、飞禽走兽，还是无生命的静物，无不有其自身的形态，要准确地把握住描述对象的外形特征。阅读时，

一般可从文章对物体的形状、大小、颜色等方面的描写入手。

（2）注意把握描述物体各部位之间的关系，把描述的层次搞清楚

物体各部位之间是紧密相连的，阅读时要从整体把握，不要把各部位分割开来，以免给人造成支离破碎的感觉。阅读时要注意抓住文章中状物的顺序，文章先写什么，后写什么，先从哪方面写，再写到哪方面，我们要做到心中有数。

（3）了解文章运用的修辞手法

为了将物描写得更生动、更形象，作者常会运用比喻、拟人、夸张、排比、对比等修辞手法，以增强文章的感染力。我们在阅读时应细细体味，好好揣摩。

（4）体会作者对描述对象的思想感情

作者在状物时，总会流露出某种思想感情，或喜爱，或厌恶，或赞美，或憎恨。我们在阅读时应准确把握作者的真实感情。

范文举例：　　　　　　　　**我的"毛毛球"**

我有一只十分可爱的小仓鼠，它是"男生"，叫毛毛球，因为它就像一个毛茸茸的小皮球，所以我给他取了这个名字。

它是一只雄仓鼠，但我是一个女孩子，大多数女孩儿喜欢养雌性的动物，可是我别具一格，品味独特。毛毛球十分漂亮，它的一身毛黑白相间，层次分明，看上去很像一个小绅士，摸上去好似绸缎一般顺滑。不过你得小心，它很凶悍。当它不乐意让人摸时，你无论怎样讨好都不行，碰上它生气时，还会咬你的手指。

大概是在它的"房间"里溜达后，它会比较开心，很温顺。它和我一样，有性格。它的双眼乌黑乌黑，身子娇小玲珑，每天它在转轮上飞奔几百圈，据说要达到20公里的路程，可能是它身体的需求吧。

它还会站立，站立时双爪放在胸前，显得格外的可爱，一般它站立就是向你讨食吃，因为它的可爱，你无法拒绝它的讨食要求，只好给它干粮。

我对它很关爱，给它买了一座"城堡"，七彩的积木搭成绚丽的"城墙"，"宫殿"便是漂亮的仓鼠房，宫殿外的花园里放着它的"跑步机"，可以让它来锻炼身体。我还给它制作了一条"鼠鼠棉被"，就是一些木屑和一个磨牙用的小木块。我还为毛毛球精心制作了五谷饲料，还有饮水用的七彩小贝壳，洗澡用的细沙盒子。对于仓鼠来说，这些条件已经很优越了，它的住所和皇宫没啥两样。可是它还是不满足，常常和我玩失踪。唉，真是拿它没办法呀！

"毛毛球"这只小仓鼠就是我最爱的宝贝。

5. 怎样阅读童话、寓言

● **阅读童话的方法**

（1）了解童话的特点和类型

童话是按照儿童的心理特点和需要，通过丰富的想象、幻想和夸张来塑造形象，反映现实生活，起到教育、歌颂或讽刺的作用。和寓言相比，童话在故事情节上更富于幻想，人物活动曲折离奇，引人入胜，篇幅较长。

（2）类型

拟人化童话，即将动物、植物或者世界上一切没有生命的东西赋予人的生命，模拟人的言行，成为童话中的"人物"。

人物童话，即以普通人作为主人公的童话。

超人化童话，即童话中的人物形象属于一些超自然的、幻想的、想象中的形象。

知识童话（也称科学童话），即把神奇的科学世界或其未来远景用童话的形式表现出来，引起少年儿童的浓厚兴趣。阅读童话，首先就要搞清楚是属于哪种童话，再根据各类童话的不同特点去理解。

（3）领悟童话中的生活道理

童话总是通过有趣、离奇的故事反映生活，揭示某种道理，对儿童进行多方面的教育。在阅读时，我们要通过对童话中人物形象的具体分析去领悟做人或生活的道理。

● **阅读寓言的方法**

把握寓言中的"故事"寓言，就是在具体的故事里面寄托一些话，这些话是讲某个道理或教训的。

寓言从结构上看，大多分为故事或教训两部分。所以，首先要把寓言当作故事去读。必须弄清楚寓言叙述的是一件什么事，事情的起因、经过、结果怎样，故事中有哪些人物，主要"人物"是谁，他们（它们）各自扮演了什么角色。

例如《画蛇添足》，故事的起因是"每人在地上画一条蛇，谁画得快，就把这壶酒给他"；故事的经过是有个人把蛇画好后，见别人没画好，就给蛇画起脚来；故事的结果是画蛇添足的人虽然先画完，却没有喝到酒。

（1）分析寓言中的含义

阅读寓言最重要的是通过对故事的分析，由浅入深、由表及里地把握寓言的含义。《买椟还珠》就是比喻那些只图表面，不识内里，缺乏鉴别能力以致取舍不当的行为。

（2）进行情景转换，弄懂生活的哲理

由于寓言故事是虚构的，其主要艺术手法是拟人化，大多是将动物、植物等当作主人公，往往带有夸张浪漫的色彩，所以阅读中，还要将其中的艺术形象和情景进行转换。

范文举例：

讨厌的小章鱼

有个小章鱼名叫点点，它对于海洋里的大小朋友来说是个麻烦，因为它不停地骚扰朋友们。它的八只长长的触手显得很碍事。一只触手勾住了螃蟹的腿，一只触手绕住海星的脚，一只触手又拖了一簇海草，所以只要小章鱼一靠近大家，就会听到"走开！走开！你很讨厌"的声音。

但是，章鱼点点却无视大家的抗议，继续跟着大家，一会儿绕住石斑鱼的尾巴，一会儿又缠住了什么海里的动物。当再次被大伙高喊"讨厌的家伙，走开"时，惊动了海龟老人，它游过来对大家说："章鱼点点是没有学会正确使用自己的触手去好好地游泳，我来教会它。"

海龟老人耐心地教章鱼点点学会了如何快速地游泳——神奇地让海水从自己身体的一部分进入，又从身体的另一部分出去。点点学会了喷射水流，形成一股强力气流，它就像喷气式飞机那样飞快地在海里自由遨游，从此不再骚扰朋友们了。

海里的朋友见到章鱼点点都欢迎它，大声呼唤它："点点来吧，我们愿意和你玩。"所以章鱼点点和海里的鱼儿们、水族类生物都成了好朋友，他们一起游戏、追逐、赛跑，非常的开心。

第13例　　　　　　　　现场作文:《我想对您说》

A. 小目标

通过范文的引导启发，让孩子们模仿范文现场写作文，说说心里的小秘密，对父母提点小建议，增进亲子感情的沟通。

B. 指导语

对家人说说心里话，现场快速写一篇短文《我想对您说》，300字左右。（20分钟）

范文举例: **妈妈我想对你说**

妈妈,您是一位受人尊敬的教师,十年来您照顾我、关心我、教育我,您在我身上付出了很多很多,我心里深深地感谢您。但是,我也有很多话想对您说,每当看到您发脾气我就不敢说了,一直憋在心里。

今天,我鼓起勇气对妈妈您来倾诉,希望妈妈能听听我的心里话。妈妈,每次我放学回家,你见到我的第一句话就是"学习如何""考试了吗""作业做了吗"? 都是和学习有关的话。等到开饭时,又接着说"快点吃,不然作业没时间做了",说来说去都是学习,我听多了就觉得厌烦,妈妈您为什么不问问我今天开心吗? 学校里有什么有趣的事情呢? 难道在家里,就只能说和学习有关的话吗? 我觉得那样的生活太枯燥了。

妈妈,有时我想,放学后能让我在外面和同学们自由地玩玩多好啊。亲爱的妈妈,希望你能给我点自由,少点唠叨好吗? 也希望妈妈开心快乐,我会努力学习的,请妈妈放心。

爱您的女儿

点评: 小作者通过情真意切的心里话,表达了对妈妈的建议,希望妈妈不要唠叨,能给自己一点空间和自由,也希望妈妈快乐,自己也会好好学习。短文表达了小作者希望寻求轻松学习的环境,这是很正常的心理,父母需要思考如何让孩子们在一种快乐的气氛中学习生活。

C. 现场要求

1. 根据孩子们描写家长的文章,进行现场点评,积极引导孩子们的正能量。

2. 根据孩子们的写作情况控制时间,只要有同学写好就提醒要交作文了。

3. 每个孩子分享自己的作文,说完后,都要给予鼓掌。

D. 心理暗示

相信自己的父母能理解和接受自己的心愿。

第14例　　　　　　　　　　**现场命题作文**

A. 小目标

通过经常现场命题,即兴写作文,锻炼孩子的即兴写作能力,提高学习效率,挑战自己的写作水平。

B. 指导语

1. 今天我们要按照老师的命题即兴写作文,拿到题目后,首先回忆前面刚和大家讲解的几类作文写作法,然后在脑海里列出简单的要点和关键词,把你们平时存储在心里的好词好句调动出来,为你的文章增光添彩。

命题:《记一次主题班会》《难忘的春游》《我的偶像》《我们的好班长》《暑假学习计划》《我家的绿色植物》等等。

2. 经过调研发现,有的孩子在家里写 400 字左右的作文可能要花上半天,有的同学要磨蹭一天。但是今天,将要发生奇迹了!每个人都会打破自己的时间记录,写出好文章。大家加油!

C. 现场要求

1. 现场观察孩子们写作,可能发现他们的速度不一样:有的孩子很快就开始写;有孩子因为平时养成磨蹭的不良习惯,需要积极引导他们尽快进入写作状态。

2. 这时候利用群体效应,我在 20 年前创办的快乐学习小组,很多学生都是被学习环境熏陶,又快又好地写出作文的。

3. 经过作文训练,一篇 400 字的文章,在快乐小组,同学们不断挑战记录后,最快的学生只要 22 分钟就写完了,而且写得非常好。(作者的儿子就是典型的例子,现在可以靠写作和演讲胜任自己的工作)

4. 根据孩子们写作情况控制时间,只要有同学写好就提醒要交作文了。

5. 每个孩子分享自己的作文,说完后,都要给予鼓掌。

D. 心理暗示

我是最棒的!我会不断挑战新的写作记录!

Part 3 语言表达能力提升(第 15 例—第 20 例)

第 15 例   **好词好句练习**

A. 小目标

通过团队活动的群体效应,用特别的方法进行训练,打开孩子们的话匣子,让孩子们畅所欲言,提升孩子们的口头表达能力。

1. 我们先从词语、成语、好词好句、速记好文章等环节开始练习,再练习即兴改编故事,最后能够即兴说事、即兴演讲。这是一个表达能力提升的过程,同学们加油啊。现在我们集体阅读一篇文章《我的家乡好美丽》。

范文举例:

我的家乡好美丽

我的家乡在美丽的黄山脚下,村子旁边有一条小溪欢快地流淌着。远望小溪,像一条银色的丝带,缓缓地飘动着;近看小溪,清澈见底,小鱼小虾自由自在地游着。村子里四季都会开出美丽的花朵,我的家乡就像美丽的大花园,很漂亮。

看!春天来了,山上的迎春花,果园里的桃花、梨花……都绽放出美丽的笑脸,远处看去,山坡上一片红色、一片黄色,美丽极了。走进花的海洋,花香扑鼻,令人陶醉。

夏天到了,小鸭子在河里欢快地游着,河面上的小船来来往往穿梭着,孩子们也跳进水里嬉笑玩耍,晚上,各家各户团聚在自己家院子的石桌上吃饭,天边的晚霞映红了半边天,形成了一幅自然、和谐的美丽田园画卷。

秋天来时,秋风习习,村子里一片丰收的景象:金灿灿的香梨、红彤彤的苹果、小灯笼似的柿子挂满了枝头,当秋风吹来,成熟的果实随风飘荡,农民伯伯和阿姨们忙着采摘果子,运往城市里,分享着劳动的收获,大家的心里很甜很甜。

冬天来临,洁白的雪花从天上飘落下来,屋顶、山坡雪白一片,孩子们开心地打雪仗,整个村子仿佛童话世界一样,让人浮想联翩,天气虽然寒冷,但是人们内心却感到很温暖。

2. 大家用下划线划出了很多好词好句,以后你们改写文章的时候也要用心写出更多更好的词和句子。

然后请各位同学们朗读。

C. 现场要求

1. 通过讨论的形式,让孩子们自己分析哪些词句写得好,每个同学都要发言,这样更有利于增强记忆。

2. 对好词好句进行分类,然后分组训练孩子,让孩子们按照提供的好词好

句即兴编故事。

3. 对孩子们每次发言都给予表扬和点评,"你很棒""你说得特别棒"!

D. 心理暗示

我的脑子里好词好句真多！写作文一点不难,我要继续加油！

第 16 例　　　　　　　小小新闻"发布会"

A. 小目标

让孩子扮演"新闻发言人",家长扮演记者,通过不断地提问,锻炼孩子即兴回答问题的应变能力。

B. 指导语

指导者:各位同学们,你们见过电视上的新闻发布会吗？担任发言人是一件很了不起的事,今天就由你们每个人担任新闻发言人,你们的爸爸妈妈担任新闻记者。希望你们好好表现,超常发挥。

C. 现场要求

1. 话筒给孩子拿着,父母和家人都扮演新闻记者,然后问一些问题,让孩子回答。

2. 对孩子提问的所有话题最好是孩子有准备的,这样能够增强他们的自信心。

3. 提的问题要和孩子的年龄知识结构相符;也要事先做好准备工作,内容最好和孩子事先沟通好。

4. 现场可以根据孩子的表现即兴提问,锻炼孩子的表达能力。

5. 如果孩子回答问题不够流畅,父母可以教孩子说,让孩子经过多次演练提升表达能力。

D. 心理暗示

我一定可以！我是最棒的！

第 17 例　　　　　　　　　　　故事会

A. 小目标

通过听孩子讲故事、孩子听父母讲故事的双向形式,引导孩子多阅读,善于记忆好的故事,为孩子们能做到出口成章打好基础。

B. 指导语

1. 我们可以在家举办小小故事会,邀请你们的亲戚朋友来家里做客,让孩子把事先准备好的故事讲给大家听。

提升孩子的自信心和表达能力,同时也提升孩子声情并茂地讲故事的水平。

2. 所有的孩子都要相互学习,学会每个人讲的故事,如果你们每次参加故事会都能掌握 10 个故事的话,将来你们的写作水平和表达能力一定都能显著提升!

C. 现场要求

1. 父母一定要表现出非常认真地聆听,同时也很感兴趣的样子(避免现场玩手机、接电话现象),激发孩子讲好故事的热情。

2. 父母也可以讲故事给孩子听,也要求孩子认真聆听。然后让孩子复述故事内容,提升记忆力。

3. 每一个故事结束,指导者带领大家分析故事的主题思想、好词好句等。

D. 心理暗示

我真的很棒,大家都爱听我讲故事。

第 18 例　　　　　　　　　　　接龙游戏

A. 小目标

通过和孩子共同做词语接龙游戏,扩大孩子们的词汇量,鼓励孩子说话敏捷、流畅。

B. 指导语

指导者:我们先从易到难,慢慢训练。

先从某个字引导孩子跟进第二个字,完成两个字的组词;再由一个字引出两

个字的三个字词组;再由一个字引出三个字的四个字的成语。

C. 现场要求

1. 刚开始孩子的反应可能会慢,指导者要有耐心地引导。很多字能组出不同的词组,以此扩大孩子们的词汇量。

2. 根据现场情况,指导者控制词组字数,反复训练孩子,让大家多掌握词汇。

D. 心理暗示

我要多阅读,才会有很多的词汇量,说话就更有底气了!

第 19 例　　　　　　　　演讲比赛

A. 小目标

让孩子们自定主题开展演讲比赛,激发孩子的学习兴趣。

B. 指导语

1. 今天我们每位同学尽情地自由发挥,把你们最好的一面展现出来,当自己是一名演说家。

2. 我们老师、家长都是你们的听众,相信你们一定会演讲得非常棒! 加油!

C. 现场要求

1. 事先让孩子在家里准备演讲稿,最好自己写,可以围绕感恩父母、感兴趣的一件事或者班级的一次活动等。

2. 无论孩子们讲得如何,都要热烈地鼓掌,营造轻松愉悦的气氛。

D. 心理暗示

我的演讲一定最棒!

第 20 例　　　　　　　　编故事

A. 小目标

通过即兴编故事,将预先要解决的问题设计好,放到故事的素材中,锻炼孩子们临场发挥的能力,并且达到解决孩子问题的目的。而团队写作更能达到开拓思维、促进孩子之间相互学习的目的。

B. 指导语

1. 今天我们要自己编故事，老师提供给你们一些素材：人物、故事情节、设定的问题、需要解决的问题等。

2. 你们可以把平时学到的好词好句都放在故事里，看谁的故事最好玩、最吸引人。

3. 自由发挥，没有条条框框。

4. 先用纸写好故事，然后讲给大家听。

5. 最后，大家进行评比，看谁表现得最棒。

C. 现场要求

1. 通过事先准备好的好词好句、提示具体的情境等信息素材，让孩子们思考，即兴写短文。

2. 指导者综合每个孩子说的故事，搜集孩子们的故事精华，也改编成一个内容丰富、精彩的故事。

3. 指导者做有心人，收集齐孩子们的故事作品后，出一个小小故事书，让孩子们有成就感。

D. 心理暗示

这样编故事很有趣，我也成"小作家"了。

布置任务

1. 思考问题：列出自己在生活中有哪些好的习惯和不良习惯。

2. 准备一个童话故事（包含好习惯或者坏习惯的内容），第二天和大家分享。

3. 准备家里闲置的玩具或者学习用品 3 ~ 5 件（尽量选择便宜的物品）。

4. 准备创新设计一个作品（自己动手制作），提前在家实践制作演练，再准备同样的材料，下次活动时现场制作。

第三单元

挖掘孩子的潜能

目标期望

1. 利用孩子们感兴趣的游戏作为载体,有意识地加强对孩子意志力、自理力、专注力、创造力的训练,提升孩子们潜在的综合能力。

2. 针对孩子们常见的不良习惯,设计心理行为训练游戏,提升孩子们的道德品行,矫正学习习惯。

物品准备

1. 纸和笔、复印好的测试表。

2. 事先准备好的"代金券",面额和人民币一样:1 元、5 元、10 元、50 元、100 元等。

3. 彩色粉化纸、牙签、易拉罐、乒乓球、小食品、水等。

4. 电脑等设备。

5. 粗棉绳(跳绳专用)。

6. 购置三副小扁担和小水桶(一根扁担和两个小水桶为一套)、红色绳子一卷,秒表两只。

7. 准备若干份小奖品。

人类大脑具有可塑性，在后天可以获得诸多全新的能力。很多能力不是天生的，而是外部环境刺激的结果。

每个人都有自身不同寻常的心理功能和能力，只要意志力强大，大脑就能很好地搜索构思并且重组，按照自己的心愿做出相应的正确行为。孩子们的学习成绩和行为规范都可以通过意志力训练得到有效提升。

第21例　　视觉训练加强意志力

A. 小目标

关注自己神奇的双眼，通过视觉功能训练，影响整个躯体和其他器官，锤炼意志力，达到提高学习效率的目的。

B. 指导语

我们要善于运用自己神奇的眼睛观察事物。今天让我们一起来学习观察的技巧：

（1）例如：当你看到你对面的一样东西，你要在最快的时间里看清它的颜色、大小、距离、给你的感觉等等。需要多久？1分钟？30秒？10秒？2秒？1秒？甚至更快。

（2）当你到了一个陌生的地方，用眼睛环顾一下四周，在最短的时间里看到尽可能多的物体，并记住它们的颜色、形状，特别是角落等不起眼的地方的物体特征等。

（3）每个同学自己动手，用水彩笔、小剪刀随意制作各种颜色、各种形状（三角形、方形、圆形、长条形等）的纸条，然后把它们混在一起。随机抓一把放在桌子上，快速地观察2秒，然后说出看到的纸片的形状、颜色。

以上的练习在生活中很多场合都可以训练，经过十次以上的反复训练，你会发现孩子的速度和正确率明显提升。如果用在课堂上，他的眼睛便能收集老师讲课的很多信息，平时阅读也能达到过目不忘的效果。

C. 现场要求

1. 将上面的3个小练习一一带领孩子们演示一下，教会孩子们增强意志力

的训练方法。

2. 每个孩子的观察能力不一样,要积极引导和及时鼓励。反复练习几遍后,当孩子们看到自己的进步,会增强自信。

D. 心理暗示

我有很强的意志力,我进步明显,还要加油!

第 22 例　　　　　　**听觉训练加强意志力**

A. 小目标

通过听觉感官的练习,学会听重要信息,提升灵敏的听觉能力,提升专注力,从而提高学习成绩和效率。

B. 指导语

1. 每一天、每一时刻我们都会听到各种声音,但是,多而杂的声音会影响我们的心情。如何学会听我们自己内心想要的信息,是我们要依靠自己的意志力完成的,需要不断地学习和练习。

2. 当你需要听到自己想要的声音时,就要排除其他的杂音和干扰因素,必须全神贯注地听。例如:在课堂上听老师讲课,必须认真、专心致志地听,而不是一听到外面树上的鸟叫声或其他声音就分散注意力。只要你专心致志地学习,你的大脑就能高速运转,收集到你所需要的信息。

3. 下面我们进行练习:

(1)制造多种声音,同学们根据我的提问进行回答。(琴声、某支歌曲、击鼓声、讲话声音、杯子碰撞声等等)

(2)现在放一段陌生的新歌曲,连续放上几遍,请你们说出歌词,再模仿着唱一下。

(3)在一架电子琴上弹出不同的音符,请辨别是什么音符? 然后我弹一些熟悉的音乐旋律,只弹第一句,请你们抢答。

(4)训练灵敏的听力:将一个发出"滴答"声的小钟放在你耳朵旁边,看看你能听到声音的最远距离是多少?(简易听力测试)

4. 以上的听觉训练坚持一段时间,你会发现你的听力和集中力有了很大的提高。

C. 现场要求

注意孩子们的专注状态,做积极引导,营造开心愉悦的练习环境。

D. 心理暗示

我拥有灵敏的听力,老师的话我全部能接受并记住,学习成绩一定会提升。

第 23 例　　　　　味觉和嗅觉训练加强意志力

A. 小目标

训练注意力集中在你的味觉上,通过舌头上敏感的神经将大脑和无穷的区域联系在一起。品味物质的特别味道,记住该记住的东西的味道,保护自己无价的生命。

B. 指导语

指导者:通过对气味的嗅觉和味觉的简单练习,来帮助你们区分食品的好坏和特性,鉴别一些有毒物质,确保我们的身体健康,避免中毒事件或突发事件发生。

(1) 请大家蒙上眼睛,然后品尝多个杯子里不同的食品,说出它们是什么?因为有的是几种物质混合而成的,所以要高度集中注意力来品尝辨别、加以区别。

(2) 记住平时生活中的食品的味道,对一些没有吃过的食品要谨慎。很多看似气味芳香、外形漂亮的东西却有毒,所以看到一些鲜艳的野生果子、野生的美丽蘑菇或漂亮的树叶不能轻易放进嘴里。要注意安全!

(3) 家里的煤气灶台上,点火前的一瞬间会有液化气的味道泄漏出来,或家长想办法用湿抹布沾上一点液化气的味道,让孩子们嗅一下,牢牢记住这个味道,并且告诉孩子们在家里闻到这种浓烈的气味时,一定不能开灯、玩电子产品,应该立即打开窗户和大门,离开家里求救。

宣讲酸甜苦辣的滋味,联想到生活中的酸甜苦辣,分别讲解酸甜苦辣的特点,结合生活实践和孩子们聊天。告诉孩子们甜的东西不一定就好,苦的东西不一定就坏,很多苦的蔬菜对身体有利,举例说明:垃圾食品、甜味饮料等虽然是好吃好喝,但对身体有害;辣椒、洋葱、苦瓜、酸醋、中药等却对身体有利。

C. 现场要求

做练习时,关注孩子们的状态,营造开心愉悦的氛围,进行安全教育时必须严肃认真。

D. 心理暗示

我有很强的嗅觉和味觉,我能珍惜生活的美好,学会吃苦耐劳。

第24例　　　　趣味跳绳

A. 小目标

通过趣味性跳绳,提升团队协作精神、集体荣誉感和抗挫折能力。

B. 指导语

指导者:希望父母和家长能在平时的生活中,抽时间以游戏作为陪伴教育的载体,轻松、快乐地陪伴孩子,在玩耍中达到提升孩子心理健康素质,使孩子们更加自强、自信、自立的目的。

> **游戏规则**:将参加跳绳的同学分成人数相等的两组(红队和蓝队),每组选出两位同学甩绳子,其他同学轮流往里面跳,以2分钟为一个时间段,对跳进的总人次进行计数。结束后,可以换两位同学甩绳子,再重复计数,计算出总的人次,两队竞赛,优胜队给予纪念品。粗棉绳2条,秒表2个。

C. 现场要求

1. 腿部、脚部有伤的同学不用参加。

2. 选择有草坪的空旷地方,同学们穿旅游鞋、运动衣(最好统一着装),比赛前反复练习,避免摔跤。

3. 引导孩子们胜不骄、败不馁,鼓励他们克服困难。

D. 心理暗示

我要为团队争口气,一定能跳好,避免失误。

🍀 **第 25 例**　　　　　　　　**给灾区送水**

A. 小目标

通过快乐的游戏,增强集体凝聚力和抗挫折的能力。

B. 指导语

指导者:下面带大家做个小游戏。请同学们注意安全。

> **游戏规则:**参加活动的同学以三人为一组,女生平均分到每组,一根小扁担两端放上个小水桶,同学挑起来沿着事先用两根红色绳子标明的"独木桥"走,中间绕过一个设定的障碍物,最后到终点,把水倒进大水桶里。全长30米。如果水桶翻掉的话必须回到原点重新装满水再前行。在规定的3分钟时间里,看终点的大水桶里哪队的水最多,即为优胜组,给予奖品。

C. 现场要求

1. 按人数购置扁担和小水桶(一根扁担和二个小水桶为一套)、红色绳子一卷,秒表2个。

2. 选择有自来水水源的地方(学校操场等),家长准备一些家用塑料水桶备用。

3. 事先训练孩子们步调一致前行。

D. 心理暗示

不怕失败,相信自己会做好!

🔍 **第 26 例**　　　　　　　　**协作能力训练**

A. 小目标

通过背夹球游戏,训练人与人之间的合作精神,提升身体协调能力。

B. 指导语

指导者：我们将吹好的彩色气球夹在两人的背部，两人侧身向前运动，中途要绕过两个障碍物（两把椅子）到达终点，全长30米。看看哪一组用时最短？

C. 现场要求

1. 彩色气球若干个，打气筒、椅子两把、秒表一个。气球充气量要适度，比赛前让同学们反复练习，要求每组同学步调一致。

2. 练习时，建议喊口令，"1、2、1、2……"

D. 心理暗示

我们两个人是一个组合，必须协调一致，才能获胜。

第27例　　　　　　　　集体自救

A. 小目标

通过集体游戏，提升孩子分析和解决问题的能力以及"生存能力"。

 PK

B. 指导语

指导者：这张塑料布就是我们的"救命礁石"，以外都是"大海"，请同学们在1分钟内尽可能多地站上"礁石"。最终"礁石"上人数最多的那组获胜。

将事先准备的一张大塑料布放在地上模拟"救命礁石"，塑料布以外的空间想象为大海，参加活动同学要尽可能多地站上塑料布。时间为1分钟。最终站上去人数多的那组为优胜方。

1. 塑料布二张(根据大小、人数现场剪裁)、秒表一个。
2. 选择室内,比赛前可以思考并练习。注意安全,指导者要做好保护工作。

D. 心理暗示

依靠我们团队的智慧,相互协作、相互关心,获得自救的人数会增加。

Part 2 强化孩子的专注力(第28例—第36例)

专注力是人的一个重要品质,专注力强,学习成绩自然能提升。因为当你专心学习的时候,学习效率也提高了。注意力就像我们心灵的一扇窗户,所有的知识和外界的信息都必须通过这扇窗户进来。

第28例 快速辨别"数字"

A. 小目标

在游戏中把发展认知和专注力训练紧密结合起来,通过快速辨别数字的游戏,潜移默化地进行学习活动,从而提升孩子的专注力和观察的灵敏度。这个游戏是经典的"舒尔特方格"游戏,能够测试出孩子的专注力的强度。

B. 指导语

指导者:每位同学用手指按 1~25 的顺序依次指出其位置,同时诵读出声。看哪位同学辨别得快,要求手指的数字和嘴里说的数字要统一。

在准备的黑板上画一个正方形,再平分成 25 个小方格,在每一个小方格里,随机填上 1~25 的数,如右图。然后,让孩子们快速找出 1~25 的数在哪个小方格子里,并且要大声读出来。

3	7	13	15	9
19	12	24	4	18
21	5	1	17	11
10	16	8	6	20
22	14	25	23	2

C. 现场要求

1. 7~12 岁年龄组测试:用时在 26 秒以内的,成绩为优秀;42 秒以内的为中等水平;50 秒以上的为较差。

2. 12~16 岁年龄组测试:用时在 16 秒以内的,成绩为优秀;26 秒以内的为

中等水平；36秒以上的为较差。

3. 指导者和家长可以经常和孩子一起做这个游戏，反复在方格内换数字进行训练，对孩子的反应和注意力的训练有很好的效果。

4. 在小组开展这项活动时，对关注能力较差的同学，要给予鼓励和引导，提升他们的自信心。

D. 心理暗示

数字游戏真好玩，我能不断打破我的"辨别记录"。

第 29 例　　　　　　　　　　**托乒乓球**

A. 小目标

通过托乒乓球训练增强孩子们的专注力，同时也训练了平衡能力，以及增强了他们挑战困难的勇气。

B. 指导语

1. 想问问大家，哪位同学不喜欢做游戏吗？我想肯定人人都喜欢做游戏对吗？游戏是锻炼意志、开发潜能、塑造良好性格的绝佳途径。如果把游戏和提升注意力结合起来，那一定是一件非常好的事情。

2. 托乒乓球就是一项简单易行的专注力训练项目，既有趣，又能训练身体协调能力。

3. 下面我宣布游戏规则：训练人手握乒乓球拍，上面放一个乒乓球，注意乒乓球不能掉落地上，按照规定的路线平稳地向前走动。如果球落地要捡起来继续往前走。

根据孩子的年龄选择静态和动态。孩子年龄小可以在原地不动，保持乒乓球不能落地。

C. 现场要求

1. 观察孩子们的表现，遇到平衡能力差、没有耐心的同学要加以引导，专门辅导。

2. 给每位同学计时,鼓励他们打破自己的纪录。

D. 心理暗示

我能做好,我会越来越棒!

第 30 例　　　　　　　　　**抗干扰训练**

A. 小目标

通过游戏增强孩子的注意力,提升对事情的专注力,抵制外界的干扰,使孩子今后能提升专心听老师讲课的注意力,每天回家专心做作业。

B. 指导语

指导者:今天的游戏是"数钱"游戏,一个人数,一个人干扰,看谁数得又快又正确。

> **游戏规则:**两人一组,一人专门数钱,一人专门干扰别人。指导者悄悄设置一叠假人民币,自己记住张数,让一位同学数这一叠"钱",干扰的同学故意提问题或和他说话,打扰他。最后看数钱的同学是否能数对。然后两人交换角色再来一次。

C. 现场要求

最后数出钱数正确的同学给予奖品。如果没有同学完全正确,数字最接近标准答案的为优胜者,也能获得奖品。

D. 心理暗示

我一定会非常专注,有高度的注意力,今后做作业会又快又对!

第 31 例　　　　　　　　　**专注力呼吸训练**

A. 小目标

通过训练呼吸,让孩子们平时遇事学会控制自己的情绪,使自己平静下来,

让自己能够迅速调动身体的能量应对某项重要的事件,并且很好地完成它。

B. 指导语

1. 平时我们的孩子一般不会注意自己的呼吸。大家知道,呼吸是人类生存的基础,具有非凡的生理学意义,它为生命的延续提供活动的能量。人每天要吸入约 35 磅重量的空气,相当于人消耗的食物和水的重量的 6 倍。很明显,没有呼吸就没有生命。

呼吸是人与生俱来的生理本能。当今世界各国研究呼吸的人也很多,因为呼吸得当能获得意想不到的收获,使身体得到活化,激活细胞、头脑清醒。

人的压力能直接通过呼吸排解出去,启动自我疗愈程序。美国等西方国家设有专门的"呼吸屋",有时人们通过静坐调整呼吸起到养身的作用。今天我们来集体感受一下自己的呼吸。

2. 呼吸训练法。

(1) 心静练习:

首先大家默念和冥想"我很安静"。选择舒服的坐姿,把手放在自己的腿上,上身坐直,闭上眼睛,全身放松,处于静止状态。

现在跟我一起做呼吸练习,吸气的时候心里默念"我",呼气的时候心里默念"安静",反复数次:

吸气:"我",

呼气:"安静";

吸气:"我",

呼气:"安静";

吸气:"我",

呼气:"安静"……

现在深深地吸气,再慢慢地呼气,觉察自己的感受。

接下来的几分钟里,你将保持在这个状态,我们一起再做"安静"练习。

心里默默地暗示自己非常安静,学习非常专注,自己非常舒服……

(2) 蜡烛呼吸:

找一个垫子,盘腿做好,微微地闭上双眼,双手放在膝盖上,上身挺直坐好,想象自己眼前有一根点燃的蜡烛。许个愿:希望自己专心、安静。

于是深深吸口气,然后准备吹灭蜡烛,就用吹蜡烛的口型吐气:呼、呼、呼。再深深地连续吸一口气,分三次吐气:呼、呼、呼……重复几次。每次呼吸用一次深呼吸和三次短的吐气完成。

C. 现场要求

1. 观察孩子们的呼吸练习情况,目的主要是让孩子们学会安静,心灵获得平静。

这种训练对改善儿童的多动、分心、焦虑、考试怯场等状态有很好的帮助,能够为孩子减压。

2. 观察孩子们的专注力情况,有些孩子有阻碍或抗拒,所以要有耐心地引导他们进入安静状态。

D. 心理暗示

我很专注呼吸,心灵很安静,感到此时很舒服。

第 32 例　　　　　　　我是"一棵松""一座钟"

A. 小目标

通过把自己想象成一颗挺拔的松树,训练自己的意志力。

B. 指导语

1. 让自己保持站立姿势,两眼自然轻松平视前方,呼吸自然,思维状态保持平和。让自己整个身体保持挺直,坚决不晃动身体,思想保持集中状态,脑子里想象自己是一棵挺拔的松树,不管风吹雨打,巍然不动。

2. 每位同学找一个座位坐下,让自己坐得舒服,两腿自然分开,两手放在腿上,两眼自然地平视前方,想象自己是一座钟,钟摆正好同自己的呼吸同步。

C. 现场要求

指导者鼓励每位同学要坚持,再坚持,每次 2 分钟,重复 3～5 次即可。

D. 心理暗示

我站得稳、坐得住,有很强的意志力!

第 33 例　　　　　　家庭"拉锯战"

A. 小目标

通过趣味的家庭游戏"拉锯战",锻炼孩子的专注力和意志力,也能增强亲子沟通。

B. 指导语

指导者:今天这个游戏,不仅同学要参加,爸爸妈妈也要参加。两两一组比赛,看谁能获胜!

父母或指导者如图利用两条床单,将其像麻花一样相互缠绵着,分别在两边有一位家长,控制好力度。

C. 现场要求

1. 场地最好设在有地毯的房间里,周围不要有带尖角的物体,做好安全保护措施。

2. 营造家庭欢乐的气氛。

D. 心理暗示

坚持住,绝不轻易放弃,尽最大努力。

第 34 例　　　　　　"气定神针"

A. 小目标

通过自制的"神针"锁定核心目标的游戏,培养孩子的专注力、稳定性和耐力。

B. 指导语

> 自制"神针"的方法:在白纸上临摹一角钱钱币大小的圆圈,然后画一个实心原点作为核心目标,平放在地面。在筷子的顶端用棉线缠绕并扎紧,棉线大约预留50厘米长度,在线的尽头穿一根缝衣服的针,这样就完成了"气定神针"游戏的制作。

指导者：每个同学手握筷子，让你的"神针"尽量锁定在圆圈内，尽量稳定手臂，让"神针"稳稳地落在核心目标上。比一比，哪位同学锁定核心目标的时间最长，他就是比赛的优胜者。

C. 现场要求

1. 准备一根筷子、一段棉线、一根针（缝衣服的线和针）、一张白纸、一枚一角钱钱币、笔。

2. 指导者演示后，先给大家热身一下。

3. 如果有同学没有耐力坚持下去，中途退出比赛了，指导者要鼓励正在坚持的同学，给他们加油。

4. 指导老师需要为同学们计时。

D. 心理暗示

我很专注，也很有耐力，我今后的学习效率会有提升。

第 35 例　　　　　　　夹玻璃球

A. 小目标

通过夹玻璃球游戏竞赛，培养孩子们的专注力和眼手协调能力。

B. 指导语

指导者：在你们面前的盆子里有很多彩色的玻璃球，请你们用筷子把玻璃球夹到另一个空盘子里。全部夹完所用时间最短的同学为优胜者，给予奖励。

C. 现场要求

1. 指导者演示后，先给大家热身一下。

2. 指导老师需要为同学们计时。

3. 鼓励同学们一定要坚持把全部盆子里的玻璃球夹完。

D. 心理暗示

我一定能坚持完成，我能行！

第 36 例   过目不忘

A. 小目标

通过"数字闪电"游戏的练习,训练孩子的专注力,提升记忆能力。

B. 指导语

1. 大家要思想高度集中注意力,准备看数字,然后在纸上记下你看到的数字组。

2. 把眼睛当照相机,看到数字组,就整体"拍照",然后再回忆是哪几个数字。反复练习,就能提升你的记忆能力。

C. 现场要求

1. 指导者在事先准备好的小黑板上随机编写数字,从简单的 3 个数字开始训练,慢慢地增加到 4 个、5 个、6 个数字的组合。

2. 时间也是从长到短,开始多给孩子们看几秒,等孩子们建立了自信心后,逐渐减少时间,循序渐进地进行训练。

3. 营造愉悦的学习气氛,开始孩子们哪怕没有说全一组数字,只要有正确的都要给予点赞,鼓励继续努力。

4. 让孩子们通过训练提升正确率,增强自信心。

D. 心理暗示

太棒了！今后我学习知识能过目不忘啦。

Part 3   加强孩子的自理力(第 37 例—第 47 例)

第 37 例   好习惯分析会

A. 小目标

通过组织孩子们对好习惯的讨论,让孩子们明确良好的学习习惯,并且相互交流,对自己的生活方面的自我管理能力有所察觉,从而认真学习和找机会实践自我管理。

B. 指导语

1. 今天老师问几个问题,想了解一下你们的学习和生活:

(1) 你们平时早晨需要父母叫着起床或帮助穿衣服吗?

(2) 放学回家做作业时要家长陪伴吗?

(3) 每一餐需要父母催促吃饭吗?

(4) 做作业是否一口气做完,还是玩一会儿再接着做?

(5) 考试前是自己自觉复习功课,还是要父母叮咛或帮助复习?

(6) 平时经常会无缘无故地发脾气吗?

(7) 每天的书包里需要带什么书和物品需要父母帮助整理吗?

(8) 经常会丢三落四吗?

(9) 是否帮父母做点儿力所能及的家务活?

(10) 平时注意礼貌用语吗?

2. 现在我们开始一一进行讨论,询问大家的具体表现。

(1) 今天老师要和你们讨论:

有哪些是好的学习习惯?

现在请同学们开展讨论……

(根据同学们所说进行统计,把事先准备好的列表用电脑屏幕展示出来)

● **好习惯**

(1) 做事效率高,珍惜时间,做作业迅速、不拖拉。

(2) 早睡早起、锻炼身体,养成良好的饮食习惯,讲究个人卫生。

(3) 勤俭节约,学会一些理财方法,能独立合理消费。

(4) 能够独立思考问题,善于独立解决问题,不依赖家长。

(5) 学习有计划性,有自己独特的学习方法,有条不紊。

(6) 自己的生活琐事自己完成,有自理能力,也能主动帮父母分担点儿家务。

(7) 善于掌控自己的情绪,不乱发脾气。

(8) 诚实守信,坚持原则,拒绝诱惑。

(9) 常怀感恩之心,助人为乐。

(10) 做事细致认真、严谨、不马虎。

(11) 富有创新精神,在学习上肯下功夫钻研。

（12）坚强勇敢，有克服困难的勇气，有抗挫折的能力。

C. 现场要求

1. 观察现场孩子们的表现，对发言不够踊跃的同学给予提醒，鼓励这些同学积极参与讨论。

2. 启发孩子们联系自己的实际情况做交流发言。对每个同学的发言给予点评和表扬。

3. 引领孩子们学会管理自己的能力。

第 38 例　　　　　　　　　　坏习惯分析

A. 小目标

通过对坏习惯的分析讨论，强化孩子们的自我觉察能力，及时了解哪些是坏习惯，以便今后加以改正。

B. 指导语

指导者：对照好习惯，大家分析有哪些坏习惯？

请大家发言：（——听取同学们的发言，及时给予点评和点赞）

现在，我给大家看几个案例，请同学们分析，案例中的同学有哪些坏习惯？应该怎样改正？

案例一

> 琳琳的妈妈给她买了一大包零食，回家的路上她们碰到了琳琳的同学。妈妈让她拿一包零食送给同学吃，琳琳不愿意。结果同学知道后，都说她是小气鬼。

琳琳的坏习惯是：_____

应该如何矫正：_____

案例二

> 强强只要看见别的同学有了新玩具或是新的学习用品就会要求买，即便自己用不到。每次父母帮他收拾房间都能整理出一大堆还没有用过或是没用完就被他扔掉的文具。

强强的坏习惯是：_____

应该如何矫正：_____

案例三

小芳的好朋友叫张丽。一天，她们在花园里踢毽子，由于张丽踢得少，小芳讥讽了张丽，说她笨。张丽感觉小芳伤了她的自尊，生气了。结果，两个好朋友因此就互不搭理对方了。

小芳的坏习惯是：_____

张丽的坏习惯是：_____

她们分别应该如何矫正：_____

案例四

华华的父母每月都给他一些零用钱，华华总是在拿到零用钱后就开心地在学校门口的超市买这买那，很短时间内钱就花得差不多了，所以剩下的时间他就只能看着别的同学买零食、买玩具了。

华华的坏习惯是：_____

应该如何矫正：_____

案例五

一次语文课，老师布置了一篇描写郊游的作文。小明外出时也没有注意外面的景色，只顾自己玩耍了，这让他写作文时很是苦恼。

小明的坏习惯是：_____

应该如何矫正：_____

案例六

小琴是个很漂亮的女孩，可她经常丢三落四，参加活动忘记戴红领巾之类的事情简直太多了。这次数学考试，她因为少点了一个小数点，结果只得了85分。

小琴的坏习惯是：_____

应该如何矫正：_____

案例七

林琳每天下午放学回家后，把书包往桌子上一扔就跑去看电视。有时父母回家提醒她，她才想起家庭作业还没写完，只好赶紧做。

林琳的坏习惯是：_____

应该如何矫正：_____

案例八

王良每天放学回家后能马上做作业，但是他专挑自己会的和简单的题做，对于难题从来都不去思考，放在那里等父母回家再问他们。

王良的坏习惯是：_____

应该如何矫正：_____

案例九

萍萍想要买新衣服，她逛了几家商店，挑来挑去，不知道该买哪一件。她思考了两天，终于决定买第二家看到的那件红色的连衣裙。当她兴冲冲地去买时，发现已经被别人买走了，萍萍很生气。

萍萍的坏习惯是：_____

应该如何矫正：_____

案例十

小刚的字写得不好，于是开始练字，但只练了三天就放弃了；他又觉得能流利说英语的人厉害，又想练习说英语，可不到一个星期他就把这个计划抛到了脑后。

小刚的坏习惯是：_____

应该如何矫正：_____

案例十一

小华在学校很受欢迎，有很多要好的朋友。每到周末，他都会邀请几个同学到家里来玩，每回疯玩后的结果就是将家里弄得乱七八糟。对于家里的脏乱，小华视而不见，从不动手收拾，总是等着父母回来收拾。

小华的坏习惯是：_____

应该如何矫正：_____

案例十二

> 丁丁是一个内向的男孩，每次跟朋友一起玩的时候，都是随着大家，大家玩什么他就跟着玩什么。有人提议玩新的游戏，他也总是附和别人的意见，从不发表自己的意见。

丁丁的坏习惯是：_____

应该如何矫正：_____

案例十三

> 小强经常不做作业，总是抄别人的，老师批评他，他总是能找到借口。一次，小强终于写完了作业，第二天到学校后，他跟同学们说是自己独立做的，却没有人相信他的话。

小强的坏习惯是：_____

应该如何矫正：_____

案例十四

> 杨杨自己一个人在家的时候，不小心将桌上的水杯打碎了。因为怕父母责骂，他便谎称是隔壁小华来家里玩的时候弄碎的。

杨杨的坏习惯是：_____

应该如何矫正：_____

C. 现场要求

1. 观察孩子们分析案例的情况，及时引导孩子们提出矫正坏习惯的正确方法，鼓励孩子们今后养成良好的学习和生活习惯。

2. 启发孩子们的学习自觉性，懂得自我管理的重要性。

3. 分析孩子们每一天的学习生活规律，启发他们学会做事的计划性，为自己成为优秀学生打好基础。

D. 心理暗示

我不会有这些坏习惯，我会赢得老师和家长的喜欢！

第 39 例　　　　　　　　　　学习习惯小测试

A. 小目标

通过分析测试,改变家长"围着孩子转"的常态,充分放手,让孩子们充分了解自己,提升孩子们的学习自觉性。

B. 指导语

指导者:你有良好的学习习惯吗? 通过下面的问题,将测试你的学习习惯如何,请如实回答每一道题,并记录下来。

(1) 你学习的时候周围必须很安静吗?

(2) 你经常在固定的时间进行学习吗?

(3) 你学习时有下意识的动作吗?

(4) 你是否经常查用字典之类的工具书?

(5) 你有一边听广播或者看电视,一边学习的时候吗?

(6) 你是否能按自己制订的计划学习?

(7) 你在学习时有经常沉迷于空想的时候吗?

(8) 学习结束后,你会将书桌收拾整齐吗?

(9) 你是否平时不复习,考试之前突击学习?

(10) 你自己能认真总结发回的试卷并分析错题吗?

(11) 你对不感兴趣的课就不愿下大力气去学吗?

(12) 你认为自己的预习效果好吗?

(13) 即使有不明白的问题,你也不愿去办公室向老师请教吗?

(14) 你能够立即复习所学的知识吗?

(15) 你身上是否经常存在对学习毫无兴趣而浪费时间的现象?

(16) 即使有你喜爱的电视节目播出,你也要坚持完成当天的学习任务再去看吗?

C. 现场要求

1. 引导孩子们对照自己的日常学习生活,列出自己的好习惯和坏习惯。

2. 提倡主动学习替代被动学习,探讨"怎样学"的良好方法。

3. 现场集体测试,自己给自己评价:

(1) 奇数题选择"是"得 0 分;"有时是或不一定"为 1 分;"否"得 2 分;

（2）偶数题选择"是"得 2 分，"有时是或不一定"得 1 分；"否"得 0 分。

3. 结果分析：27 分以上，你的学习习惯很好；22～26 分，你的学习习惯较好；16～21 分你的学习习惯一般；15 分以下，你的学习习惯较差，需要改进。

D. 心理暗示

我一定会保持好的学习习惯，我会越来越好。

第 40 例　　　　"意象对话"练习

A. 小目标

通过播放催眠音乐，掌握意象思维，放松休息，恢复体力，使自己更好地学习。

B. 指导语

1. 请同学们坐好，选择自己最舒服的坐姿，或伏在桌子上。

2. （播放催眠音乐，尽量用缓慢的语速、温柔的声音说话）请大家闭上眼睛，想象一下：我们很多孩子们围坐在绿绿的草地上，看着蓝天上的小鸟自由自在地飞着，草地上各种美丽的花朵绽放着，可爱的小松鼠在树上跳来跳去的，我们吃着水果、唱着歌谣、享受着大自然的美景，我们特别开心……不知不觉就进入了梦乡……

C. 现场要求

1. 指导者和家长学会为孩子们减压，平时经常引导孩子们"意象对话"，让孩子们恢复体力，更好地投入学习。

2. 教孩子学会掌握自我控制情绪的能力，遇到不开心的事，找个地方安静下来，自我催眠，放松心情。

D. 心理暗示

我现在的状态很轻松、很舒服。

第 41 例　　　　和孩子签"劳动合约"

A. 小目标

通过家长和孩子共同做家务活，培养孩子的生活自理能力和从小爱劳动的

好品质。

B. 指导语

1. 家长要安排孩子做一些力所能及的家务活,特别是孩子自己的事情。刚开始孩子可能不会做,家长要耐心教会他们。

2. 在这张纸上写上参加劳动的家庭成员名单,排出每天的值日生。这样不仅显得很正式,而且家庭成员之间可以相互监督。

C. 现场要求

1. 给孩子"全副武装",穿上特制的围裙,带上小护袖。

2. 万一孩子做事不小心损毁了东西,不要责备他们,一定要现场分析原因,鼓励孩子以后注意,争取干得更好。

3. 孩子做完事要给予肯定,不足的地方及时指出。让孩子体会到劳动的乐趣。

4. 时机合适的话,给予孩子奖励,奖励自由玩耍(规定好时间)。

D. 心理暗示

我一定会干好家务活,我有信心!

第 42 例   认识情商

A. 小目标

通过初识"情商",努力提升情商,学会愉悦学习,提高学习效率。

B. 指导语

1. 今天,要和同学们说一个新名词,"EQ"——情商。有的同学可能听说过。

情商究竟是什么呢?

情商就是情绪智力,是近年来心理学家提出的比智商更重要的概念,主要指人在情绪、意志、耐受力等方面的品质。

它包括5个方面的能力:

(1) 认识自己的情绪;

(2) 妥善管理自己的情绪;

(3) 自我激励;

（4）认知他人的情绪，善于沟通；

（5）领导和管理能力。

2. 过去人们总是说智商高就决定一切了，可是当今社会，很多成功人士的智商不是很高，就是普通智商，但他们却能成为出类拔萃的优秀人才。所以心理学家对于情商的研究非常有说服力。当我们能够在以上5个方面做好的话，就一定能成为优秀学生。

从今天起，我们每个人要有意识地提升自己的情商，以后老师会及时提醒你们如何做好的。

3. 大家知道情绪管理的价值意义吗？

（1）培养快乐的情绪能使自己更加乐观开朗、对生活充满希望，并能化负面情绪为正能量。

（2）良好的情绪管理可以避免行为失误，提高自己的工作效率，获得满足感。

（3）学会良好的情绪管理能使自己在任何场合都受欢迎，拥有更多的好朋友。

4. 大家知道自我管理情绪的方法有哪些吗？

（1）要学会觉察自己的情绪，一旦发现自己情绪失控了，就及时调整。

（2）尊重自己的情绪，可以经常扪心自问为什么会有情绪，负面情绪从何而来？给它一个理由，从观念上进行改变。

（3）学会驾驭自己的情绪，可以用转移注意力、深呼吸、倾诉发泄内心的感受等方式改变不良情绪。

C. 现场要求

1. 对照情商的5个方面，让同学们联系自己平时的表现谈谈体会。

2. 分享情绪管理的情况，简单地说自己的情绪管理情况，比如：平时发脾气吗？一般为什么发脾气？每次发脾气是如何化解的？靠家人还是靠自己？大家聊一聊，放松心情地说说心里话。

D. 心理暗示

我要做人见人爱的好孩子。

第 43 例　　　　　　　　　心理素质小测试

A. 小目标

通过一个问卷调查,看看自己的性格是否阳光。

B. 指导语

指导者:现在请同学做个心理小练习。(实事求是回答问题)

从下面的问题中,选择一个和你最相符的答案。

1. 你能够大胆地告诉父母你因为什么原因不开心吗?

A. 是　　　　　　　B. 不一定　　　　　　　C. 不是

2. 每天早晨起床醒来时都有一股"被窝气",需要父母哄哄才开心。

A. 不是　　　　　　B. 不一定　　　　　　　C. 是

3. 如果你到了一个新的环境,比如爸妈的单位或者爸妈朋友家,你紧张吗?

A. 不是　　　　　　B. 不一定　　　　　　　C. 是

4. 你觉得自己内向吗?

A. 不是　　　　　　B. 不一定　　　　　　　C. 是

5. 你认为自己活泼开朗吗?

A. 是　　　　　　　B. 不一定　　　　　　　C. 不是

6. 当你做作业时,喜欢一会儿吃点零食,一会儿喝点水吗?

A. 不是　　　　　　B. 不一定　　　　　　　C. 是

7. 当你们班级来了位新同学,你愿意主动去和他(她)打招呼吗?

A. 是　　　　　　　B. 不一定　　　　　　　C. 不是

8. 你非常想在班级当班干部吗?

A. 是　　　　　　　B. 不一定　　　　　　　C. 不是

9. 你平时在家里爱发脾气吗?

A. 不是　　　　　　B. 不一定　　　　　　　C. 是

10. 你每天都非常开心,喜欢微笑吗?

A. 是　　　　　　　B. 不一定　　　　　　　C. 不是

11. 你在学校犯了小错误,受到老师批评,很伤心,但能知错就改吗?

A. 是　　　　　　　B. 不一定　　　　　　　C. 不是

12. 每学期你都有信心取得好的学习成绩吗?

A. 是　　　　　　　B. 不一定　　　　　　　C. 不是

13. 每天做完作业,都能自己整理书包,不用父母操心吗?

A. 是　　　　　　　B. 不一定　　　　　　　C. 不是

14. 经常在家里和父母说学校的见闻,汇报自己的学习情况吗?

A. 是　　　　　　　B. 不一定　　　　　　　C. 不是

15. 有一次考试成绩不好,心里是否会想:一定好好努力,下次一定能考好的?

A. 是　　　　　　　B. 不一定　　　　　　　C. 不是

C. 现场要求

1. 观察大家全部测试完成后,让每位同学自己算好分。

2. 分析结果的参考:

答 A 得 3 分;答 B 得 2 分;答 C 得 1 分。38~45 分:心理阳光健康,情绪调控好;25~37 分:心理素质较好,情绪调控一般;24 分及以下:心理素质欠佳,情绪调控较差。

3. 尽量提升孩子的心理素质,激励他们弘扬正能量。对分数特别低的孩子,让家长了解他的情况,以便今后多关注孩子心理素质的培养。

D. 心理暗示

我要做阳光和快乐的人!

第 44 例　　　　　　学习交流会

A. 小目标

通过快乐的相聚、学习、游戏,相互分享学习心得和见闻,提高孩子们的情商和自理能力。

B. 指导语

指导者:今天我们大家可以围绕以下内容展开:

(1) 语、数、外学习方法交流;

(2) 日常作息时间安排交流;

(3) 如何提升记忆力;

(4) 班级趣闻分享;

(5) 提升学习效率经验分享;

（6）你最近哪些方面有所突破？

（7）有哪些好玩的游戏、精彩的电视节目可以分享？

C. 现场要求

1. 观察孩子们交流的情况，正确引导。

2. 把控孩子们的情绪状态，希望孩子们愉快地交流。

3. 需要特别关注性格内向的孩子，引导他们积极发言。

D. 心理暗示

哇！原来学习很有乐趣啊！

第45例　　　　　集体游戏：商贸会

A. 小目标

通过模拟商品交易、推销的游戏，让孩子们在游戏中学习如何与人交流沟通，提升"情商"。

B. 指导语

指导者：孩子们都从家里带来了各类闲置的东西，请相互之间进行推销，用我们事先准备好的模拟钱币进行"买卖"，最后看谁挣的"钱"最多。全部卖完且挣"钱"最多的同学为优胜者，发给奖品。

C. 现场要求

1. 在商贸会游戏过程中观察能力差的孩子，适当帮助他们推销，尽可能让孩子们的东西能广泛地进行交换。

2. 及时观察每个孩子的表现，对他们进行及时的表扬和鼓励。

D. 心理暗示

我有能力并以高价"卖完"我的商品。

第46例 **"自主学习"主题讨论会**

A. 小目标

通过思考,相互交流学习,学会自主学习。通过围绕"自由是什么""为谁学""怎样学"等问题展开讨论,让孩子们进一步明确学习目的,从而引发自主学习的意识。

B. 指导语

指导者:今天让我们讨论如何学习,围绕"自由是什么""为谁学""怎样学"等问题展开互相交流,互相学习。

正确引导:(家长先学习了解)

1. 什么是自由?

世界著名教育家蒙台梭利的经典名言"纪律必须建立在自由的基础上",这句话让很多中国的家长大惊失色,他们认为纪律和自由是一对矛盾。中国式教育都是以纪律为主要手段,让孩子们在严格的管教下成长。他们认为给孩子自由必定会造成散漫无序。

很多家长对孩子仅仅满足物欲的要求,要什么给什么,但当孩子们想做他感兴趣的事时,却横加阻拦,不愿意给孩子自由。这种做法其实阻碍了孩子对世界的探索和自我发展。

蒙台梭利指出:我们并不认为一个人像哑巴似的一声不吭,或像瘫痪病人似的一动不动才是守纪律的。他只不过是一个失去了个性的人,而不是一个守纪律的人。当一个人是自己行为的主人,在需要遵从某些生活准则的时候,他能够节制自己的行为,我们就称他是一个守纪律的人。这种纪律中蕴藏着与旧时代的绝对的、不容讨论的、高压下的"不许动"截然不同的教育原则。

(1)自由的状态有三阶段:

第一阶段,行动的自由:吃喝拉撒睡、攀爬、触摸、探索、游玩等基本自由。给他们这些自由,孩子才能产生独立性。

第二阶段,行为的自由:独立的思维、自由的思考、行动的自在,慢慢地孩子就会对自己的行为负责任。

第三阶段,人格的自由:尊重孩子的内在感受,排泄、走路、饮食起居都要遵从生理需求。

(2)从小把孩子当成独立的个体,而不是橡皮泥,任你随意捏造。父母不要

用"爱"作幌子和挡箭牌来包办孩子的一切：吃喝拉撒睡有人管,上学放学有人接,书包整理也代劳。孩子们只需要糊里糊涂地机械地学知识,也不用理论联系实际,只会纸上谈兵,遇到实际问题则不知所措。

（3）用真正的爱去给孩子自由,当他们得到自由后,也会爱自己,增强了自信心和安全感,激发孩子内在的追求美好事物的动力。当我们需要他们遵守纪律时,就循循善诱地讲道理,让孩子们感到对他们有利,他们就能遵守纪律。

教育专家小巫对自由有独特的见解。她认为自由是：爱和尊重→行动自由→人格独立→思维自由→自由发展内心对秩序和完美的追求→认知事物的规则→自主做出决定和选择→自信心和责任感→自律并遵守纪律。

要想让孩子做到自律,就要让他做自己行为的主人,对自己的行为负责。

2. 为谁学习?

这个问题,刚才大家说了很多,大部分同学都认识到是为自己学习。有的同学说为了父母、爷爷奶奶而学习,也不能说是错误的,只是考虑问题不够全面。将来总有一天,父母等长辈要先离开我们,如果我们不独立、没有生存能力就不可能幸福地生活。更何况将来你们也要成为父母,也要教育你们的子女。所有现在你们所做的努力都是为了自己的将来。父母看到你们取得的成绩而高兴,也是想到你们的将来而感到的一种安慰。如果你们不够努力,他们就会担忧。

3. 怎样学习?

这是今天主要讨论的主题。可以围绕语、数、外（二年级以上才有外语课程）学习计划如何制订展开。

4. 还有哪些创新?

从具体如何制订学习计划开始。

大家有什么好的方法? 请同学们积极发言。

C. 现场要求

1. 引导孩子们发表意见,将大家的意见一条条集中起来,就形成了一个比较全面的计划了。

2. 还可以这样引导：一天中几个关键时间如何利用? 如何预习? 如何复习? 如何记忆? 上课如何积极表现?

3. 耐心倾听大家的发言,做好记录。根据每位同学的发言给予点赞,对发言中的创新点要特别强化。

4. 在讨论问题时,积极引导孩子们发言,坚持围绕学习是为自己学,不是为了父母学；是为自己将来能掌握知识，并拥有自己养活自己的能力这些正能量的核心展开。

D. 心理暗示

所有的努力都是为了自己，我要加油！

第 47 例　　　　　　　　　　　制订学习计划

A. 小目标

分析一个三年级孩子的学习计划并进行案例讨论，了解学习应该是有计划、合理的学习。

B. 指导语

指导者：请大家发表意见，集体讨论修改这份学习计划。（从合理性、是否具体、更好的方法等方面思考）

举例：（一位三年级孩子的学习计划）

学 习 计 划		
语 文	数 学	英 语
每天早上起床完成洗漱后，花上 3 分钟背当天教授的课文	加减乘除的计算顺序不能忘	每天早读的时候背 10 个单词
课文中的字要多练、牢牢记住字的书写特点	计算的时候要细心，不出错	要懂单词的意思，学会使用
上课注意力集中，尽量多举手发言	争取下一次考试考到满分	学习书上简单的人物对话
遇到多音字，学会区分并记住用途	有不会的题目要大胆问老师	练习写英语作文，多积累好词好句
课前要预习，课后要复习，温故而知新	整理错题集，找自己的不足	英语单词的书写要工整
遇到成语就记录在笔记本上，了解成语故事的情节，便于记忆		
每周背诵三首古诗		
练习硬笔和毛笔字帖		

引导孩子们对以上学习计划发表自己的看法，主要指出不足之处。

1. 每当孩子们发言完都要给予肯定，如"说得非常好！非常棒!"以肯定性语言增强孩子们学习的兴趣。

2. 现场让孩子们讨论：对以上的学习计划提出意见，以及如何给自己制订一个更加完善、适合自己的学习计划。

3. 让每位孩子现场试着给自己制订一个学习计划。

4. 尽量让每个孩子都发言，训练孩子们的表达能力。对胆子小、性格内向的同学要特别关注，及时给他们鼓励和表扬。

5. 正确引导孩子们爱学习、求上进的品德。

D. 心理暗示

我的学习计划很独特，有科学性。

Part 4 　提升孩子的创造力（第48例—第52例）

第48例　　　　　　　　科学小实验

A. 小目标

通过父母和孩子共同做4个科学小实验，提升孩子的求知欲，培养孩子爱动脑筋的好习惯，提升创新能力。

B. 指导语

1. "宇航员"升入太空

今天以家庭为小组，进行科学实验。为每组准备一个乒乓球，在乒乓球上用水彩笔画上笑脸当成一个个"宇航员"，每家自带家里的电吹风，用最强档位口朝上对着乒乓球吹。

观察现象：当"宇航员"上升到一定高度的时候就停止不动了，也不下落。

提出问题：什么原因？

原理解答："宇航员"受到电吹风的吹力，摆脱了地心引力，上升到空中；当它到达一定的高度，上方空气的向下的力和上升的力刚好相等时，达到平衡状态，所以"宇航员"就停止在空中了。

2. 会转动的牙签

把一根牙签放在一个塑料瓶盖上，用一个透明的玻璃茶杯反扣在上面。吹一个气球，在自己头上反复摩擦并快速放在玻璃杯旁边。

观察现象：牙签随着气球的转动而转动，很神奇。

提出问题：什么原因？

原理解答：气球和头发摩擦后，头发上的负电荷向气球转移，这样一来，气球也会带上负电荷。当气球靠近玻璃杯时，牙签靠近气球的一端会有正电荷堆积，另一端则有负电荷堆积。因为气球上的负电荷和牙签上的正电荷异性相吸，所以，牙签随着气球的转动而跟着转动。

3. 追着气球滚动的易拉罐

准备气球并吹好扎紧，用气球与面巾纸反复快速摩擦，然后靠近易拉罐，再平行地移动气球。

观察现象：易拉罐追着气球滚动。

提出问题：什么原因？

原理解答：当气球与面巾纸反复摩擦后，产生大量的负电荷。易拉罐金属也具有导电性，当气球靠近易拉罐时，易拉罐通过"静电感应"在靠近气球的地方带上正电荷，与气球产生相吸作用。气球移动，易拉罐自然也跟着移动。

4. 设计作品

用一种新型积木(有磁性的原件随意组合)进行空间想象力练习，可以有无限地创造，以孩子为主，家长当好孩子的助手。看看哪组作品最佳。

结束后，大家要分享自己设计的作品的艺术性和设计想法。

C. 现场要求

1. 以上四项小科学探索，需事先准备好物品，精心演示给孩子们看。

2. 指导者示范完以后，让孩子们也动手实践一下，以加深印象。

D. 心理暗示

科学实验很有趣，我要好好学习。

第 49 例　　自主设计工艺品

A. 小目标

创作自己的工艺品,没有限制,挖掘生活中的题材。

B. 指导语

指导者:大家可以利用家中的各种东西作为制作的原材料,如易拉罐、矿泉水空瓶子、碎布头、各种纸盒等。总之,考验大家的想象力,无拘无束地创造吧。

C. 现场要求

1. 营造家长和孩子亲密协作、沟通的氛围,让孩子们感受到家长陪伴的幸福感。

2. 发挥孩子们丰富的想象力,指导者及时给予鼓励、引导、点赞。

3. 提醒孩子们用一些工具时注意安全。

4. 当一件件作品呈现在大家面前时,指导者要总结、引导孩子们分享自己的想法和收获的喜悦。

5. 记得留下孩子们的作品,作为孩子们成长的礼物。

D. 心理暗示

为自己能创造优秀作品感到自豪。

我要继续努力。

第 50 例　　实践性:剪纸和折纸

A. 小目标

通过剪纸和折纸挖掘孩子的创造力,培养创新思维能力,充分发挥孩子们的想象力。

B. 指导语

指导者:今天每组发6张方纸,其中3张自己随意剪成任意造型,另3张随意折出任意图形,可以是动物等等。最后大家进行评比,看谁做的剪(折)纸的艺术性最强。

C. 现场要求

1. 关注孩子们的现场表现,及时调节气氛。如果有的孩子不会折纸,指导老师可以拿出事先准备的一些参考图例启发孩子们一下。

2. 无论孩子们剪成什么样子,都要点赞,并且引导孩子们想象剪成的样品像什么。通过分享成果,让孩子们拥有小小的成就感,发自内心地感到开心快乐!

3. 让孩子们自己评比,选出最佳作品。

D. 心理暗示

我很有才! 会动脑筋,我棒棒哒!

第 51 例　　　保护"精密仪器"

A. 小目标

通过游戏,激发创新能力、增强团队合作意识。

B. 指导语

1. 今天把几块饼干想象为"精密仪器"。利用提供的物品:胶带纸、旧报纸、泡沫材料等,设计一个防止高空物体坠落的保护装置。

2. 思考、制作用时 30 分钟,高度设定在三楼,集体把"精密仪器"扔下。每个组在仪器上注明组号,哪一组的"精密仪器"能保持得最为完好,就获得奖品。

C. 现场要求

1. 气球、塑料袋、胶带 1 卷、竹签若干根、橡皮筋若干根。

2. 物体下落时,要注意确保周边没有人走动,做好安全保护措施。

3. 每组派一名同学去三楼,在指导者的口令下同时垂直扔下"精密仪器"。指导者在楼下检查它的完好性。

D. 心理暗示

相信我们的精密仪器是不会坏的,我们一定能完成任务。

第 52 例　　　创新思维练习

A. 小目标

通过创新思维训练,帮助孩子学会思考问题,用游戏等喜闻乐见的形式增强孩子们思维的灵活性,学会发散思维,增强创新意识。

1. 今天我们要进行创新思维练习,还是以游戏形式开展好吗?(等待大家说:好!)

2. 形式多样:脑筋急转弯、数学游戏、逻辑推理、创新想象等。

3. 现在开始做游戏:采取抢答的办法,谁想到就举手,我会根据回答的情况给分,最后看总分,前三名为优胜者,发给奖品。

● **观察力:**

(1) 用剪刀裁剪后想象纸张的模样

将一张正方形纸,沿着对角线对折后再对折,然后用剪刀减掉黑色的部分,想象是哪种图案?

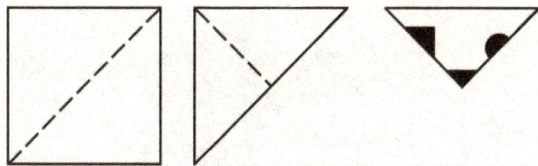

参考答案:

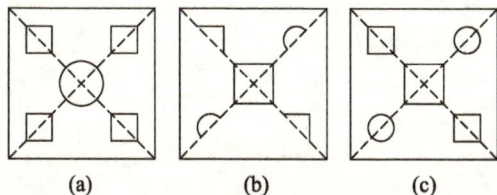

(a)　　　　　(b)　　　　　(c)

(2) 观察箭头方向

图中的方格内有各种不同方向的箭头,但是你仔细观察会发现它们是有规律的。请你填出空格内箭头的方向。

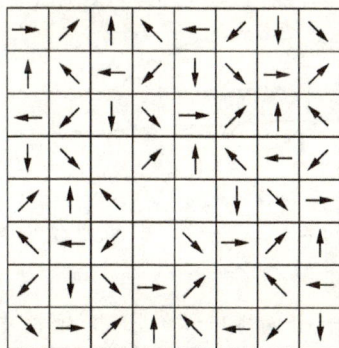

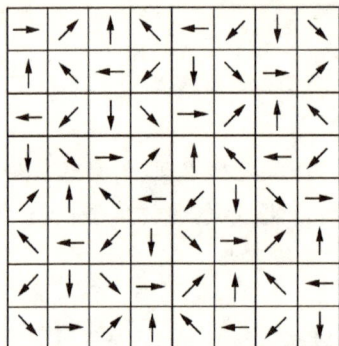

参考答案：

（3）看图

猜猜是什么动物？

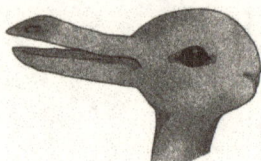

参考答案：兔子头和鸭子头像。

（4）找人脸

参考答案：三张女人的脸，正面一张，中间烛台两边各一张。

（5）移动纸板上的圆孔

一块正方形纸板上有一个偏离中心的圆孔，但位于对角线上。请用剪刀剪成两部分，重新组合的话，这个圆孔就会移动到中心位。你该如何做？

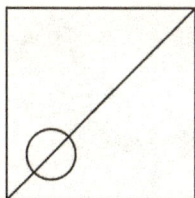 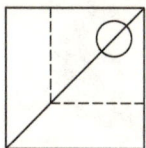 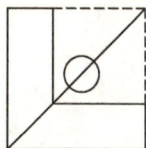

　　参考答案：按照图中(a)上面的虚线剪下，然后把小正方形旋转360度，就变成(b)的形状，将圆孔移到中心位置即符合要求。

　　(5) 电影院禁止吸烟

　　电影院严禁吸烟，如果吸烟就要罚款。有位男子却抽烟，烟雾缭绕，充满了房间，但是很奇怪他没有被罚款，也没有观众制止，为什么？

　　参考答案：是电影中的男主角抽烟。

　　(6) 变出杯子

　　图中有3个杯子，能否用加上一笔变成5个杯子。

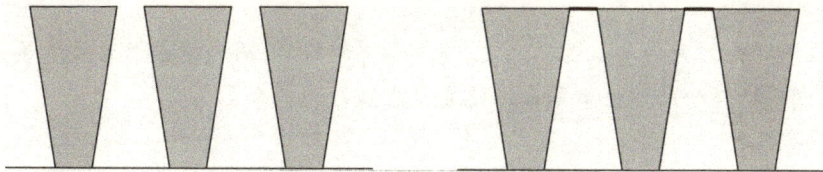

　　参考答案：在上面加一条直线。

　　(7) 魔变正方形

　　有一位手巧的人，把一个看似像朵莲花的图案，只剪了三刀，就变成正方形。你认为他是如何剪的呢？

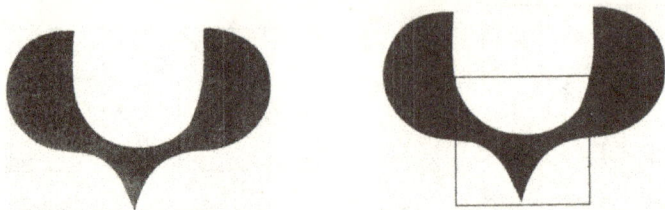

参考答案:先对称地剪2刀,剪下2个半圆,再把其中一个半圆剪成两等分,拼起来就成了正方形。

(8) 让水位上升

有两个容器均为10升的桶,各自装了9升水,另有一个盛满水的大勺子有1升水。请问:在不移动桶的情况下,能否让两个水桶的水都上升到桶口处?

参考答案:首先将大勺子中的水倒入任意一个桶内,这个桶的水位就自然到了桶口处,再将大勺子放到另一个桶里,控制手的力量,慢慢让水位上升到桶口处。

(9) 看到对方

有两个人,一个人面朝南,一个面朝北,反向站立。规定他们不许回头,不许走动,也不许照镜子。请问:他们该如何才能看到对方的脸?

参考答案:他们面对面站着就能看到对方的脸。

(10) 牛吃草

在一棵大树大约7米远的地方,堆有新鲜的嫩草,用一根3米长的绳子拴住一头牛,很奇怪牛居然把嫩草全部吃完了。这是为什么?

参考答案:牛根本没有拴在树上。

4. 刚才进行了观察能力、逻辑思维、想象力拓展、创新思维等方面的练习,大家的表现都非常棒。建议同学们以后去书店买各类创新思维的练习书籍,经常思考问题,我们的大脑会越用越灵活,想象力也会越来越丰富。只要养成多练习、多思考的好习惯,你们就会变得更加聪明。

C. 现场要求

1. 根据孩子们的现场表现决定题目的思考时间,没有人会做的题目可以加以讲解。

2. 观察孩子们的思想集中度,营造现场比拼的学习气氛。

3. 每条题目抢答完毕都要分析,让所有的孩子都能搞懂。

4. 对反应慢的同学要给予鼓励,如果他们举手发言,即便不正确,也要适当给分。

5. 指导者总结,对各位同学的精彩表演一一给予表扬。让同学互评,选出两位表演最精彩的同学,给予奖品。

D. 心理暗示

要学会全面、发散思维,下次我会越来越棒!

? 布置任务

1. 模拟前面的游戏,可以自主设计一些力所能及的集体游戏项目,培养孩子们的团队意识、集体荣誉感,提升抗挫折的能力。

2. 可以外出步行 5 公里左右,作为外出拓展训练。提前做好准备工作,开始每天在自己家小区散步,渐渐加大步行距离。锻炼孩子们的意志力和吃苦耐劳的精神。

3. 家长联盟还可以做好计划,把课本知识带到郊外。选择在空旷的草坪上,大家围坐在一起,进行知识竞赛,拓宽孩子知识面,把枯燥的学习变得生动活泼。

4. 活动时,提前召开家长联盟会议,有意识地把孩子们分成几小组,按照范例的提示,开展丰富多彩的集体竞赛活动,培养孩子们的友爱精神,互帮互学,共同进步。

第四单元

加强生存能力培养 >>>

目标期望

1. 通过模拟天灾人祸的场景进行逃生演习,提高孩子们的安全和自我保护意识。

2. 模拟生活中遇到的突发事件,训练孩子们具备冷静处事、机智勇敢的品质。

3. 通过普及医学常识,传授孩子简单的自救和救助他人的本领。

4. 学做蛋炒饭,让孩子们学会自食其力。

物 品 准 备

1. 灭火器(过期报废的)。

2. 卡式炉,炒锅,铲子,一次性碗筷(每人自备),若干套小围裙、小护袖等。

3. 拔河绳子、撕拉红绳子一卷、创可贴等。

4. 沙包(自制)。

5. 旧报纸若干张、宽胶带纸几卷。

6. 小食品、矿泉水等。

7. 蛋炒饭食材:鸡蛋若干个、黄瓜丁、胡萝卜丁、煮熟的白米饭、少量油和盐。

第53例　　　　地震时如何逃离现场自救

A. 小目标

通过对自然灾害——地震的了解,加强防范意识,把伤害降到最低。

B. 指导语

我们要加强防范意识,例如关于地震:

指导者:

1. 平时就要建立防范的意识:专门准备一块全棉毛巾、手电筒、干粮、急救医药箱和矿泉水等物品集中放置在家里的某个地方,经常更换电池和新鲜的水。

2. 遇到地震情况,尽量抓住家里的一些软的坐垫等,躲到坚固的角落,用坐垫保护好头部。

3. 遇到家里门打不开的情况下,应该选择卫生间、厨房等小点的空间躲避或靠近大衣柜等坚固的能形成三角形空间的地方。

4. 万一在电梯里,应该迅速按下所有的楼层按钮,一旦电梯门打开,迅速逃离现场。

5. 不可跳楼逃生,不要大喊大叫、消耗体力,而应等待救援。

C. 现场要求

在室内进行一些模拟演习。

D. 心理暗示

生命是无价的,一定要保护好自己。

第54例　　　　万一家里发生火灾时该如何

A. 小目标

遇到突发火灾,掌握冷静自救和逃生的能力。

B. 指导语

(指导者:今天就给大家演示一下灭火器的使用方法。寻找野外安全的空

间给孩子点上火把,然后用家用灭火器喷灭)

1. 平时要记住家里的灭火器放在什么地方,并掌握使用方法。

2. 万一遇到火灾,首先判断火源的位置,头脑保持冷静。

3. 第一时间拿毛巾用水浸湿,堵住鼻子和嘴过滤烟雾,贴近地面,避开上方的火苗,判断火势大小。如果情况不严重,就拿家里的灭火器灭火。不行的话,就迅速想办法逃离现场。

4. 尽可能迅速拿家里的床单浇水盖在身上,或往自己身上浇上水逃离火场。

C. 现场要求

1. 演示时注意安全。

2. 备用灭火的小,以防需要。

D. 心理暗示

遇到突发事件不紧张,沉着冷静。

第55例 在海边沙滩上什么预兆表示将要发生海啸

A. 小目标

了解海啸的一些预兆,防范万一出现的海啸,以便逃生。

B. 指导语

指导者:海啸前兆产生的原因是海底发生地震,传播处的机械能使海底的地壳大范围发生下陷和凸起运动,造成海水异常暴退和暴涨现象。海啸波传播的速度非常快,达到重力加速度(9.8米/秒),前后波的追逐形成巨大的响声,警示人们要快速地往高地逃生,否则在几分钟甚至几十秒内就会被巨浪吞没。

(1) 在海边旅游、生活、工作的人要掌握海啸之前会发生的一些明显的现象。

(2) 海水异常地暴退或暴涨。

(3) 离海岸不远的浅海区,海面突然变成白色,前方出现一道长长的水墙。

(4) 位于浅海区的船只突然剧烈地上下颠簸。

(5) 突然从海上传来巨大的响声。

(6) 有大量的鱼虾等海生物在浅海出现。

（7）出现海水冒泡，并快速倒退等现象。

C. 现场要求

如果家长带孩子去海边旅游，要利用游玩的实景回忆海啸发生的一些特征和预兆，强化知识，万一遇到险情能尽早发现。

D. 心理暗示

学会观察事物，及时发现灾难事件发生前的一些预兆，就能帮助自己顺利逃生。

第 56 例　　迷路了和家人失联，该如何回家

A. 小目标

加强孩子对家庭住址等信息的记忆，以防万一。

B. 指导语

1. 平时要记牢家里的地址和家人的手机号码。
2. 万一走失，尽量不要迅速离开，而要在原地不动，静候家人来找自己。
3. 如果是在外地走散，应保持冷静，有礼貌地请其他人帮助联系家人。
4. 遇到紧急情况，向警察求助。

C. 现场要求

现场考考孩子们对家庭住址的方位、小区名字、楼栋，父母工作单位等信息的掌握情况。掌握得好的，就点赞；掌握不好的，要提醒。

D. 心理暗示

记得越清楚，越能保护好自己。

第 57 例　　在家中发现盗贼如何自救

A. 小目标

万一发现家里有坏人，要沉着冷静，机智地自我保护。

B. 指导语

1. 生活中经常会发生熟人谋财害命的悲剧。万一在家中遇到熟悉的邻居或小区里的人作案，一定要保持冷静，装作不认识。

2. 可以故意大声地对他说：请问您找我父母吗？我不认识你啊，他们下楼拿包裹，马上就回来了。请您坐一下等他们回来好吗？通常情况下，偷盗贼会立即离开。（从心理学角度看：当偷盗贼知道自己被识破时由于害怕被抓，会临时起歹意，伤害孩子，所以当得知孩子不认识他，又了解到家长就要回家时，会立即逃跑）

C. 现场要求

指导者扮演盗贼，在语言方面对孩子进行训练。

D. 心理暗示

一定要冷静，装着不认识盗贼就不会有危险。

第 58 例　　身体突然特别疼痛时如何自救

A. 小目标

遇到身体特别不适的情况，要会保护自己。

B. 指导语

指导者：如果自己的身体突然特别疼，要大声地告诉老师和父母。

C. 现场要求

要求孩子们准确地说出哪里疼，快速报告其父母的手机号码和单位，便于及时联系家长。

D. 心理暗示

要控制自己情绪，不能哭闹，那样会消耗体能。

第59例　　家人身体状况出现严重问题的演习

A. 小目标

学习医学常识,关键时刻能助人、自助。

B. 指导语

1. 发现家人身体出现紧急情况时,及时拨打120电话,冷静地说清楚自己家的详细地址,等待救护车的时候,可以采用掐人中(鼻子下面的穴位)的方式施救。

2. 如果知道家人有心脏病,应该让他们平躺,不要摇晃他们的身体,也不要给他们喝水,但要把他们的下巴抬起,保证呼吸道畅通,等待救援。

C. 现场要求

指导孩子们正确运用救治方法模拟救人。

D. 心理暗示

只要冷静处事、不慌不忙,一定能让家人脱险。

第60例　　如何防范诈骗

A. 小目标

通过了解诈骗,提高对陌生人的警惕,以防上当受骗。

B. 指导语

指导者:自己独自在家时,陌生人敲门不要轻易开门,即便喊出家人的名字也不能开门。因为当下社会个人信息已经不能保密,知道家人的名字已经不是问题,所以要提高警惕性,不认识的人一定不能开门。

在外面同样对于陌生人不要搭理。如果有人告诉你家人在等你,千万不要轻易相信。一定要得到亲密家人的证实才能随从。

C. 现场要求

指导者扮演各种人物,模拟场景让孩子们分析应如何应对。

D. 心理暗示

提高警惕性很重要啊。

第 61 例　　遇到绑匪和坏人的演习

A. 小目标

通过模拟应对绑匪及坏人的演习,提高孩子们的警惕性,防止上当,关键时刻展现机智和勇敢。

B. 指导语

1. 遇到绑匪一定要冷静,千万不能大哭大叫,为了保护自己的生命,在绑匪面前应表现出谨小慎微,乖巧听话,避免遇害。

2. 要坚定信念,相信一定会有人来施救;也要自己发挥聪明才智,寻找合适机会求救,但一定要有足够的把握,不要轻易呼救,以免让坏人恼羞成怒。总之,想方设法保住自己的性命是最重要的事。

3. 从心理学分析,当犯罪分子处于优势,而我们处于逆势时,冲动而又强硬的做法无异于以卵击石,非但不能解决问题、化险为夷,反而会激怒坏人,招来杀身之祸。

4. 如果遇到熟悉的人作案,更要装作不认识,千万不能说我认识你,更不能叫出"某某阿姨""某某叔叔";就当作陌生人,这样可以增加安全性。

C. 现场要求

教会孩子们出现危机时一定要以柔克刚,以智慧和善良的方式保护自己的生命安全。生命是高于一切的,家里的财产没有生命重要。

D. 心理暗示

钱财没了是小事,生命是无价的,一定要保护自己的生命安全。

第 62 例　　不小心摔倒或脚扭伤怎么处理

A. 小目标

通过模拟受伤,掌握医学小常识,既能救自己,也可以为他人服务。

指导语

1. 当不小心扭伤时,一定不能立刻去揉患处,在 24 小时内一定要冷敷,控制毛细血管出血;24 小时以后可以热敷或贴活血化瘀的膏药。尽量不要走动,睡觉时把脚抬高。

2. 如果不小心摔倒,发现患处迅速水肿,估计骨折的可能性大,需要迅速求救去医院固定骨折患处,及时治疗。

C. 现场要求

各种情况下要学会现场分析,如骨折、扭伤等应该如何处理。

D. 心理暗示

只要处理得当,就能早日康复。

第 63 例　情景剧:"机智赶走强盗"

A. 小目标

通过模拟演习,提高孩子们的自我保护意识和安全意识。

B. 指导语

集体表演一个情景剧

演员:"强盗"2 人、店员 2 人。

情景剧的故事情节:雨天,在一个钟表店,有两位店员(年长的和年轻的)在做生意。因为下雨顾客很少,突然两位蒙面的年轻人进了店里,眼睛里露出凶狠的目光,他们的手放在口袋里,年长的店员看到这样的人,心里明白遇到抢劫的坏人了,就用力捏了一下年轻人的手,传递给他一个信号。年轻人非常机智地露出微笑,对着那两人指指自己的耳朵,张了张嘴,那两人了解到他是聋哑人。于是,年轻的店员拿出笔在纸上写道:先生您好! 请问您是来典当钟表的吗? 那两人相互对视了一下感到很惊奇,其中一人说:对的。说完拿出自己手腕上的手表递给店员,年长的店员说:这块表能值 500 元,你愿意当掉吗? 那人感到很惊奇,这超出了他预期的价位,他知道自己的表不值钱,于是激动地说:愿意。当他们拿了钱,还在纸上写了一句话:以后有钱了我会回来还钱的,然后就走了。

请家长按照这个故事情节编一个情景剧,场景道具:桌子和椅子,几个旧钟表。

对这个情景剧人物的心理分析：人之初，性本善。人性有时也会在特定情况下，从丑恶变得善良。这两个人原本是来抢劫的，因为店员的机智勇敢，化险为夷，虽送出去500元，但激发了强盗的自尊心，点燃了人性内心的善良之光；反之，如果两位店员和强盗打斗、拼搏，则两败俱伤，损失是不能用金钱来衡量的。

这个故事的结局是店员从一个非常危险的处境变成了安全的结局，给我们的启示是，教会孩子们在危急时刻开动脑筋，用智慧保护自己的生命是最重要的事情，生命无价！

C. 现场要求

1. 道具：一张桌子、家中闲置的一些钟表物品。

2. 通过指导者讲解，让孩子们掌握一些安全知识。

3. 让孩子们进行讨论，可以布置讨论主题：我遇到紧急情况会如何自救？

4. 对以上情景剧再次集体讨论，还可以再次改编故事情节，想出更多的化险为夷的好办法，让孩子们畅所欲言。

D. 心理暗示

遇到危险，保持头脑冷静，一定会获救。

Part 2　培养孩子理财能力（第64例—第68例）

第64例　　　　　家庭"拍卖会"

A. 小目标

一个家庭或几个家庭联合开展商贸游戏，父母和孩子轮流扮演商人，培养孩子的财商。

B. 指导语

指导者：请家长事先准备好家里的各种书籍、玩具或食品等模拟"拍卖会"的情景，训练孩子对物品的价格意识，初步具备钱的概念。

C. 现场要求

1. 可以模拟货币的形式，用纸张模拟一些人民币的"100元""50元""10元""5元"等，让孩子们感受买卖东西的乐趣，同时培养孩子们的价值观。

2. 给孩子一个小牌子模拟举牌,家长扮演拍卖师;然后家长和孩子交换角色。

D. 心理暗示

我的东西能卖出好价钱,我很棒!

第65例　　　　　学会记"流水账"

A. 小目标

通过记生活上的"流水账",让孩子学习管理资金,学会精打细算。

B. 指导语

1. 给孩子们准备一个记账本,教会孩子分类记账,如分为食品、文具用品、衣服、玩具等不同类别,通过记账让孩子有"钱"的概念。

2. 很多孩子什么都想要,没有钱的概念。当孩子每用一分钱都记账,久而久之,他们从小就有了理财观,成人后财商也会较高。

3. 在每一天的记账过程中,家长要及时分析钱的用途给孩子听。培养孩子勤俭节约的良好习惯。

C. 现场要求

家长指导孩子分类记账,一定要坚持。

D. 心理暗示

钱是父母辛苦挣来的,我要勤俭节约。

第66例　　　　　当好"会计"

A. 小目标

通过帮父母记账,当好"会计",提高财商,培养勤俭节约的好习惯。

B. 指导语

1. 让孩子担任家庭的会记,适当地给工资。

2. 给孩子们准备好账本,教孩子们分类记账,需要用钱时要向"会计"汇报,每月进行结算。

3. 孩子当上"会计",体验了主人公的感觉,通过记账明细,帮助父母分析家庭开支情况,节约的资金可以教孩子如何去银行理财存款。

4. 让孩子多理解父母工作辛苦、挣钱不易,学会勤俭节约,从小不乱花钱。

C. 现场要求

1. 父母根据孩子的具体表现给予"工资",金额自定。

2. 父母要坚持每天把支出钱的用途和金额告诉孩子,鼓励他们坚持做好记账。父母自己也要避免虎头蛇尾,和孩子共同打理好理财事务。

D. 心理暗示

我有很强的记事本领,通过记账,了解到用钱的地方真多,父母挣钱不易,我要勤俭节约。

第 67 例　　　"打工"赚钱

A. 小目标

通过设立家庭的"家务活基金",让孩子从小培养自强自立的精神,同时也体验劳动的乐趣,最重要的是学会理财。

B. 指导语

1. 家长事先可以把孩子力所能及的家务活用表格列出来,对家务活的报酬明码标价,父母验收合格后,扫地5~10元;洗碗每次10元;擦桌子5元;洗自己的袜子5元;帮父母洗袜子等每次10元;整理自己的房间10元等。

2. 每次给孩子的奖金,家长要及时记账,或让孩子自己记到账本中,也可以现金放在孩子的钱包里让他们自己保管,这样孩子是有成就感的,也增强了对"钱"的意识。

C. 现场要求

1. 当孩子想买东西时,要向父母口头申请,只要合理,父母应该答应。

2. 父母让孩子自己在账本中减去用掉的资金,让孩子们从小养成勤俭节约的好品德。

3. 提醒孩子自己也算算账,查看结余的资金,然后通过不断地"打工"赚钱。

D. 心理暗示

挣钱不容易啊,将来我要挣钱孝敬父母。

第 68 例　　　　　　　**当好周末"管家"**

A. 小目标

让孩子在周末帮家长当"管家",通过计划买什么、去超市购物、亲自付款、回家记账等实际程序,提高孩子的财商,了解钱的用途和体验消费的感觉。

B. 指导语

1. 周末,让孩子们管好家,根据买菜计划(买什么菜、如何搭配菜等)、家里缺少什么东西等列好预算清单,从父母那里申请现金,并保管好。

2. 和父母一起去附近超市购物,根据计划精打细算地进行购物、回家后结算。

3. 回到家以后立即记账,并和自己所列清单的预算进行比较,看自己的预算是否准确,对物品的价格有所了解。

4. 回家后,和父母共同整理家务,理菜、洗菜、做饭等,参加劳动,体验做家务活的辛苦和快乐。

C. 现场要求

1. 整个购物过程让孩子独立完成,由家长陪同。

2. 家长要指导孩子分类记账,菜品和生活用品、事物等各项花费分开记录。

3. 帮助孩子树立钱的概念,提升管理能力,为今后勤俭节约打好基础。

D. 心理暗示

需要用钱的地方真多,今后我要勤俭节约。

第69例　　　　　　　团队协作游戏

A. 小目标

通过设计的团队协作游戏,提高孩子们的团队协作精神和克服困难的勇气。

B. 指导语

1. 整体前行游戏能够培养团队合作精神和意志力,增强集体荣誉感。

> **比赛规则**:按照示意图,尽量使团队保持步伐协调一致,竞赛时有专人负责喊口令"1、2;1、2……"。当后脚抬起的时候,手便把"履带"往前转,一步一步地往前移动,做到集体的动作协调一致,看哪一组用时最短。

C. 现场要求

1. 需要每个小组制作自己组的"履带",用事先准备好的塑料布,现场根据参加的人数,丈量适当的长度,用订书机连接好。

2. 可以反复演练整体的协调性,鼓励孩子们克服困难。当出现"履带"断裂时,鼓励他们不要急躁,重新修复,发扬团队合作意识。

3. 比赛时,全组成员思想高度集中,听口令,做到步伐一致,增强集体荣誉感。

D. 心理暗示

注意力集中,步调一致,一定能获胜!

第70例　体能训练：拔河比赛

A. 小目标

培养团队意识，增强集体荣誉感。

B. 指导语

准备工作：检查绳子，做好中线的红色绸布标记，划分好比赛区域。

指导者根据现场人数平均分配两边，尽量考虑体重和男女生的平均分配。

指导者：现在开始拔河比赛，听口令，我说"开始"，大家就发力。中间的红绸布到哪边就是哪一方获胜。

C. 现场要求

1. 身穿运动服、运动鞋，手上戴线手套。

2. 指导者检查同学们的脚的位置，并帮助调整好，要求人与人之间脚是相互抵住的，防止打滑。检查完毕，开始发口令。

3. 营造现场的热烈气氛，观摩的指导者和家长高喊"加油！加油！"

D. 心理暗示

只要大家劲往一处使，一定能赢！

第71例　走"独木桥"

A. 小目标

1. 通过模拟独木桥的游戏，锻炼孩子们的平衡能力，提升身体的协调性。

2. 增强孩子们的抗挫折能力。

B. 指导语

指导者：将两根红绳平行（间距约5厘米）放在地上，长约10米，两端设法固定，用以模拟一座很窄的独木桥。大家每只脚都必须踩在红绳里面行走，看谁走得稳，走得快，如果谁出界就被淘汰出局。最后速度最快，又没有出界的同学为优胜者。

C. 现场要求

1. 选择一个适合的地点，可以是农庄或公园等。（有整块草坪的空旷场地为宜）

2. 对孩子们的服饰准备充分,要求他们身穿宽松的运动服、旅游鞋。

D. 心理暗示

我有信心,比赛中我一定会赢。

第72例　　　　扔"炸药包"游戏

A. 小目标

通过模拟扔"炸药包"的游戏,锻炼孩子们的灵活性,同时也增强抗挫折能力。

B. 指导语

1. 在一个8米长、4米宽的长方形区域内,站着若干位同学,场下有两位同学扮演"战士",将自制的沙袋扔向场上的"敌人",砸中谁,谁就是被"炸药包"击中,必须下场。

2. 场上的"敌人"要善于躲避沙包,保护好自己不被砸中。最后被砸下场的"敌人"变换身份,担任砸"敌人"的"战士"角色。最后统计,一次没有被砸中的同学为优胜者。

C. 现场要求

营造快乐的气氛,希望两边扔沙包的同学速度要快,让场上的同学不得有喘气的机会,被砸中的同学也不要沮丧,下场后狠狠地砸场上的同学。

D. 心理暗示

我的注意力集中又灵活,一定能躲过"炸药包"。

第73例　　　　现场模拟抢救生命

A. 小目标

学会心脏复苏知识,关键时刻能挽救他人的生命。

B. 指导语

指导者:在患者最危险的、救护车未到的宝贵时间里采取抢救生命的必要急救措施非常关键,因此要掌握几种急救常识。

心脏复苏急救:

1. 大声呼叫他 ,用手推摇他,用手指触摸患者颈部两侧动脉,看是否有脉搏。

2. 开放气道:将患者平躺,把患者的下巴往上抬,直到下巴和耳垂的连线垂直于地平线时,此时人的气道便打开了。

3. 胸外心脏按压,需要成年人、有力气的人完成。在人工呼吸一分钟以后没有效果的情况下进行胸外心脏按压。

4. 在没有成人的情况下,也要尽自己的最大力量去进行胸外心脏按压(按照图中示意进行练习)。

5. 人工呼吸:找干净的纱布,紧急情况下用餐巾纸放在患者口部,捏住患者的鼻子,用力将气吹入患者嘴里,进行口对口的人工呼吸。

C. 现场要求

记住所教要领,按照图示进行练习。

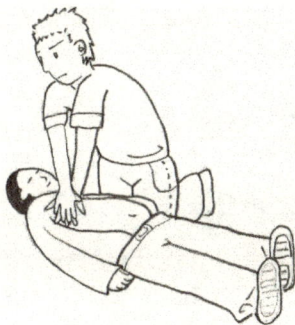

打开呼吸道　　　　　　　　心脏复苏示意图

D. 心理暗示

我掌握了心脏复苏的要领,能抢救他人的生命。

第74例　　　　　　学做"蛋炒饭"

A. 小目标

通过自己制作"蛋炒饭",享受劳动的喜悦。

B. 指导语

1. 每个同学先洗手,老师先示范一下,做好成品后,请大家品尝。

2. 每个人都要轮流动手制作炒饭,大家品尝,分享快乐的体验。

3. 等所有同学都实践了,分配吃完后,我再点评整个制作过程中需要注意的问题,建议大家回家后可以在家长的监护下展现自己的厨艺。

C. 现场要求

1. 做蛋炒饭之前,做好准备工作:准备好煮熟的大米饭、鸡蛋、水果丁、蔬菜丁、少许食盐、沙拉油、电磁炉、锅碗等。

2. 帮每位同学穿上小围裙、戴上护袖等。

3. 在孩子们操作时多给予鼓励。

4. 分享孩子的成果时,即便有失误的方面,也要给予鼓励和提醒。

D. 心理暗示

家务劳动很有趣,我好喜欢做饭。

第 75 例　春游(秋游)和学习两不误

A. 小目标

变换学习形式,增强孩子的学习兴趣、团队凝聚力,培养孩子的沟通能力,提高情商。

B. 指导语

1. 家长联盟可以定期组织孩子们外出郊游,增强孩子们对大自然的观察能力,陶冶情操,增强孩子们多元智能中的自然才能。

2. 模拟前面的游戏,每次出去前设计一些力所能及的集体游戏项目,培养孩子们的团队意识、集体荣誉感,提升他们抗挫折的能力。

3. 可以外出步行 5 公里以上,锻炼孩子们的意志力和吃苦耐劳的精神。

C. 现场要求

1. 家长联盟还可以做好计划,把课本知识带到郊外,选择在空旷的草坪上,大家围坐在一起,进行知识竞赛,拓宽知识面,把枯燥的学习变得生动活泼。

2. 有意识地把孩子们分成几个小组,开展丰富多彩的集体竞赛活动,培养

孩子们的友爱精神,互帮互学,共同进步。

D. 心理暗示

学习真有趣,大自然真美!

第76例　　　　　　　　练"拳击"

A. 小目标

通过"拳击"游戏,锻炼孩子的灵活应变能力和肌肉的忍受力,也帮助孩子学会减压。

B. 指导语

1. 家长自制一个布袋,里面装上一些大米和豆类,做成沙袋,供孩子们攻击。

2. 我现在拿住沙袋作为流动的靶子,请你们拳击。(注意将沙袋两边晃动,考验孩子们的反应能力)。

3. 我会给你们计数,看看哪个孩子击中的数量最多,将给予奖励。

C. 现场要求

1. 注意安全,关注孩子的拳击方向,防止孩子扑空。

2. 让孩子戴上手套,预防手部受伤。

D. 心理暗示

注意力集中,该出手就出手,果断出击,一定能获胜。

第77例　　　　　　　　寻找"宝藏"

A. 小目标

通过寻找宝藏的游戏,锻炼孩子们分析问题和解决问题的能力,并且培养他们吃苦耐劳、克服困难的品德。

B. 指导语

将一些钥匙扣、书签、橡皮、铅笔等小礼物事先放在野外指定区域的隐蔽处(指导者或家长在放东西的时候画好定位图,便于找回这些东西)。

指导者：我会把同学们分成几个小组，进行集体"寻宝"活动。在规定的时间内，比一比哪一组找到的宝物最多。优胜组组员将得到"战利品"。

C. 现场要求

1. 指导者在藏东西的时候，注意难易度结合，让孩子们开始能快速找到宝物，增强他们的兴趣感和自信心。

2. 每一组都要有指导者保护，或有家长跟随，让所有的孩子都能在指导者的视线内，以确保孩子的安全。

D. 心理暗示

我一定能找到更多的宝物。

第78例　　"二人三腿"齐心协力

A. 小目标

通过障碍游戏，培养孩子分析问题、解决问题和团结协作的能力，同时增强他们克服困难的勇气。

B. 指导语

指导者：同学们，今天我们会玩一个新游戏，看看哪个组最和谐，能得到第一名。

比赛规则： 分别将两个同学的左腿和右腿用宽布袋绑在一起，然后按照规定的行程行走，争取以最快的速度到达目的地。用时最短的一组为优胜组，给予奖励。

C. 现场要求

1. 选择有草坪的地方作为活动场所，由指导者协助绑腿，掌握松紧度，以免比赛中受伤。

2. 先要训练一下：用喊口令"1、2、1、2……"的方法进行训练，这样步伐不会被打乱，两人就能保持步伐一致，齐心协力地往前快走或小跑了。

3. 没有掌握技巧的小组不能参加比赛，需要继续练习，直到步伐一致才可

以参加比赛。

4. 鼓励孩子要胜不骄、败不馁，克服困难，勇往直前。

D. 心理暗示

我和小伙伴团结协作，相信我们的组合是最棒的。

第 79 例　　　　　　　战地"炊事班"

A. 小目标

通过野外做饭的实际演练，提升孩子们分析问题、解决问题以及动手的能力，同时克服娇气，适应恶劣环境，锻炼意志力。

B. 指导语

选择一个合适的农庄，请农庄事先准备好一些物品：挖地的铁锹、几根短的铁棍和一些木材、锅、饭碗、筷子、事先淘干净的大米、鸡蛋若干个、一些蔬菜、少量油盐、打火机等。

指导者：今天我们要分成几个小组，小组成员要分工作业，做一顿美味的饭菜。我们要自己动手挖出所需要的坑，放上铁棍，再放上锅（里面有米），加上合适的水，点火烧饭。等待饭烧熟后，装到小组每个人的饭碗中。开始炒菜，只要炒熟就可以开吃。大家要注意安全，比一比哪个小组做得又快又好。

C. 现场要求

1. 指导者要保证孩子们的安全，在孩子们自己准备就绪后，帮助各小组点火烧饭。

2. 随时解答孩子们的问题，帮助解决困难。

3. 综合评判每组整个过程完成的质量，孩子们所做饭和菜的口感，做出正确的评价，给予最佳小组以奖励。

D. 心理暗示

做一顿饭真不容易啊，但自己做的饭很好吃。以后要学会帮爸妈做饭，减轻他们的负担。

第80例　　　家庭趣味运动会

A. 小目标

以家庭为单位,开展多项趣味竞赛,增强父母与孩子们的沟通。在竞赛中,让孩子们感到快乐的同时提升孩子们的抗挫折能力,树立"友谊第一、比赛第二"的理念。

B. 指导语

指导者:亲爱的小朋友们,今天我们要和爸爸妈妈一起做几个小游戏。让我们开展一场家庭趣味运动会!

第一个项目:过"独木桥"接力赛

比赛规则:用红色宽绸带拉出一条模拟的"独木桥"(同第71例的要求),全家三人为一个组合(必须有一名学生),拿着接力棒,每人跑一个来回,用时最短的家庭为优胜家庭,给予奖励。

第二个项目:托乒乓球比赛

手托乒乓球,在规定的行程内接力传给家庭其他成员,如果乒乓球不小心落到地面,要在掉下的地方捡起球放到乒乓板上继续向前跑。用时最短的家庭为优胜家庭。

第三个项目:投掷比赛

画一条横线,离它3米处放个水桶,往里面扔乒乓球。家庭每个成员扔10个球,三名成员30个球,扔进桶里的球数最多的家庭为优胜家庭。

C. 现场要求

1. 相互之间担任裁判,公平公正,父母带头发扬"友谊第一、比赛第二"的精神。

2. 家长通过和孩子的亲子沟通,营造愉悦的气氛,针对自家孩子平时娇气等一些弱点,在活动中潜移默化地帮助孩子加以克服。

D. 心理暗示

有父母的陪伴好幸福!我要好好学习,不断超越自己。

参考答案（第三篇）

创新思维抢答题举例

1. 漂亮的杯中花

参考答案：第一个杯子放 1 朵，第二个杯子放 2 朵，第三个杯子放 3 朵，再把第一个杯子放到第二个杯子里。这样每个杯子里的花都是奇数了。

创新思路：杯子没有限定大小，所以就需要发散思维。

2. 小强做实验

参考答案：小强会把左边的纸揉成团，然后与右边的一起松手，纸团落地肯定比缓缓飘落的纸快啦。

创新思路：学会发散思维，既然没有限制纸的用法，所以，减小纸的面积，就能减小空气的阻力。

3. 买不到的书

参考答案：秘书。小美在爸爸公司看到的阿姨是公司的秘书。这种书当然在书店里买不到了。

创新思路：没有说是物品，所以可以是其他有关"书"的词。

4. 猫吃鱼

参考答案：小猫一定是被拴在直径大于 1 米的柱子上，可以绕着柱子转一个半径 13 米的圆。

创新思路：因为没有交代柱子有多粗，所以可以想象是拴在直径一米或者更粗的柱子上。

5. 巧搬巨石

参考答案：在石头前挖个大坑，把石头埋起来就可以啦。

创新思路：发散一下思维，换个方式考虑，就很容易解决问题了，谁说一定要把它搬到不挡道的地方，埋起来一样可以不挡道。

6. 雨水盛满水缸

参考答案:两种方式其实是一样的,不管雨怎么下,都需要两个小时来装满水缸。

创新思路:不要随大流想问题,雨是密集地下着,不可能中断,所以和风的方向没有关系。思考问题要全面,不能被表面现象所迷惑。

7. "冰"和"水"

参考答案:"冰"去掉两点就变成"水"了。从汉字本身去考虑,不需要想得太复杂。

创新思路:有时需要脑筋急转弯,既然没有说得具体,也不用把问题想得很复杂。

8. 父子俩打猎

参考答案:0只羊、0只兔子、0只松鼠。

创新思路:这是一道创新思维题,要从全新的角度去考虑。实际上,6字无头是0,9字无尾也是0,半个8字也是0,所以这个男孩和他的爸爸没有打到猎物。

9. 变短的笔

参考答案:张莹莹拿出一只更长的笔,这样一比较,原来那支笔就变成短的了。

创新思路:长和短,都是根据参照物来定的,老师没有限制拿别的东西。

10. 聚会

参考答案:6个,其实很简单,因为是圆桌,左右都5个,加上他就是6个。

创新思路:跳出文字的陷阱,不要被表面现象迷惑,轻易做加法就是错误的思路了。

逻辑思维抢答题

1. 输的原因

参考答案:大厅就在大楼的一层,女儿只要再上三层就可以了,而杰克却要下四层,因此杰克输了。

逻辑思维:本身所在位置也算一层楼啊。

2. 失踪的大卫

答案:外出露营,有种常识是不能把帐篷支在树下,因为若出现天气骤变,有被雷击中的危险,而大卫是经常外出的,不可能犯这样的错误。

逻辑思维:所以树下的帐篷,显然是哈利伪造的现场。

3. 十字架

答案:神父。

逻辑思维:学会推理分析:黛西说她姐姐是个虔诚的基督教徒,平常很内向,接触最多的也就是家人和神父了。神父和十字架有密切的关系,所以安瑞紧紧攥着十字架项链,暗示伤害她的人是神父。

4. 报假案

答案:因为只看见背影的话是不可能看见手上疤痕的。

逻辑思维:学会推理分析,注意细节上的破绽。

5. 错误的号码

答案:米勒没有记错号码。

逻辑思维:他从后视镜里看到的号码是反着的,正确的号码应该是8526325。

6. 问题在哪里

答案:王先生只是更换了车头被撞坏的车牌。

逻辑思维:汽车前后都有车牌,估计肇事者因为着急没有更换车尾的车牌。

7. 作伪证

答案:警察已经发现李大叔说话的破绽了。

逻辑思维:按照哈雷的说法,盗窃犯应该是在昨晚3点左右行窃的,但是当警官来的时候,案犯留下的啤酒还冒着泡,这不合理。

8. 绑架案

答案:绑架犯是送牛奶的。

逻辑思维:因为门口只有一瓶过期的牛奶,说明他早已知道汤姆斯的祖母已经不在家里。而送报纸的人不知道,每天依然准时送来报纸,所以门口会有多份报纸。

9. 窃贼是谁

答案:是他下铺偷的。

逻辑思维:因为火车在停的时候,厕所门是锁着的,人无法进厕所。

10. 破不了的案子

答案:一定是盗窃者自己进行伪装了。

逻辑思维:盗窃者在指纹部分涂了透明的指甲油或者带了透明的皮手套。

11. 糖果训练

答案:有糖果的盒子只有一个,在黄色的盒子里。

逻辑思维:根据黄色盒子的提示,如果绿色盒子的提示是真的,那么有两个盒子里都有糖果,不合理;如果蓝色盒子的提示是真的,那么两个盒子里没有糖果,所以应该选黄色盒子,它里面有糖果。

12. 猜硬币

答案: 因为只有 3 枚硬币,其中两枚还是同样的,如果其中一个人口袋里放的是 1 美分硬币,那么他摸到后很快就会知道对方口袋里的是 1 美元硬币。

逻辑思维:摸到口袋里是 1 美元硬币的人不能确定对方口袋里是 1 美元还是一美分。当小儿子拿到 1 美元正无法确定时,他从哥哥的表情中得知哥哥和自己一样无法确定,所以他知道了哥哥口袋中一定是 1 美元硬币了。因为如果哥哥拿到了 1 美分硬币,他一定会立即说对方口袋里是 1 美元硬币。小儿子思维非常灵活,通过分析推理出正确答案。

13. 箱子里的东西

答案:C 箱子里有裤子。

逻辑思维:因为 A 箱子上写的话和 D 箱子上写的话矛盾,所以只有一个真的,那么 B 和 C 都是假的,B 箱子说的是上衣和裤子没有关系,推断只有 C 箱子里面有裤子。

脑筋急转弯抢答题

1. 初生婴儿的牙齿是什么颜色的?

答案:初生婴儿没有牙齿,不存在颜色。

思维训练:不易被别人的思想误导,有自己的主见。

2. 小明的爸爸是警察,他看到儿子偷了什么,却没有多加管教,这是为什么?

答案:因为小明是偷笑。

思维训练:偷什么不犯法? 忙里偷闲? 偷学手艺? 这个题目真有迷惑性啊。

3. 好可怜啊,小伟身上被咬了一大一小两个包,请问较大的包,是公蚊子咬的还是母蚊子咬的?

答案:母蚊子。

思维训练:如果按照一般思维思考的话,大家一定会认为公蚊子力气比较大,所以会觉得较大的包应该是公蚊子咬的。其实,我们身上大大小小的包都是

母蚊子咬的,公蚊子吃的是植物的汁液,只有母蚊子需要吸血。

4. 房间里着火了,小明怎么都拉不开门,请问他是怎么出去的呢?

答案:推门出去的

思维训练:房间着火了,小明拉不开门,可是最后还是成功出去了,难道是消防员或者是某位大人把小明安全救出去的? 其实没有那么复杂,我们都知道门有推开和拉开两种方式,当然还有滑行门,那就另说啦。既然小明拉不开门,那就是推开了门出去的。

5. 佳佳说他能轻而易举跨过一棵大树,他是怎么做到的呢?

答案:他跨过的是一棵倒下的大树。

思维训练:佳佳说他能跨过一棵大树,难道是一颗小树苗? 可是小树苗不叫大树,称得上大树的树,起码也要比人高了吧。如果是一棵倒下的大树呢? 虽然它倒下了,但是它也是一棵高大的树。

6. 汽水没水了会变成什么样?

答案:变成"气"了。

思维训练:我们都喝过汽水吧,汽水没有了水,那就干了吧,只剩下一些做汽水的粉状的原料了。可是从脑筋急转弯的思路来看,"汽"是由"氵"和"气"组成的,如果把"氵"去掉,那么是不是就剩下"气"了?

7. 爸爸买了一支笔,可是不能写字,这是为什么呢?

答案:因为是电笔。

思维训练:一支笔,不能写字,难道它坏了,要不然怎么不能写字呢? 可是,一般来说,在买笔之前一定要看一下是否完好,如果有损坏的话,也不会购买啊。如果这支笔是好的话,那么我们就要思考一下,什么笔不能写字可是对家庭很有用呢? 是电笔啊。

8. 老刘一个人睡觉,可是醒来的时候屁股却有个深深的牙印,这是为什么呢?

答案:是老刘的假牙。

思维训练:学会灵活思维。老刘是一个人睡觉的,所以屁股上的牙印不可能是别人的。难道他养了宠物,夜里被宠物咬了? 换种角度思考,如果不是宠物咬的呢? 是什么情况下会让老刘的牙有可能接触到屁股? 假牙。

9. 哪项比赛往后跑?

答案:拔河比赛。

思维训练:排除法分析,所有的比赛都是往前进的,只有拔河比赛是往反方向的。

10. 小胖不断抱怨自己的体重每天都在增加。可是有一天小胖的体重一下子减少了十多斤,身体还保持健康,这是为什么呢?

答案:她生了宝宝,减轻了重量。

思维训练:抓住每天的体重都在增加,后来有一天体重突然轻了10多斤。不用想复杂——小胖生病或做了抽脂手术,一定是她肚子里有一个宝宝,那天正好宝宝出生了。

11. 小明去商场里买东西,可是柜台的橱窗里空空的,不过小明却买到了他想要的东西,小明买到了什么呢?

答案:柜台。

思维训练:真是奇怪了,小明去买东西,空空的柜台里什么都没有,他买到了什么? 有一种可能,既然小明去的是空空的柜台,那会不会就是为了柜台而去的呢? 商场里卖什么的都有,当然也有出售柜台的呀!

12. 什么样的坏人反而让人同情?

答案:身体坏掉的人。

思维训练:既然都是坏人了,那就不应该同情了吧,即便他反思悔过了,可是他也造成了不可弥补的损失。试想下,我们去医院看望病人的时候,是不是对他表示同情并给予安慰呢? 身体有病的人,也可以说是身体坏掉的人。

13. 森林里有一条眼镜蛇,可是它从来不咬人,你知道为什么吗?

答案:因为森林里没有人。

思维训练:森林里的眼镜蛇居然不咬人,难道它近视了? 看不见有人? 要不然这条眼镜蛇老了,爬不动了? 这条眼镜蛇不咬人,可不代表它善良啊。是因为眼镜蛇见不到人,它还怎么咬人啊。

14. 什么东西吃了会吓一跳?

答案:吃惊。

思维训练:吃什么会吓一跳? 吃苹果突然发现有条虫子,肯定会吓一跳的。既然是被吓一跳,那么肯定会很吃惊或者惊恐。脑子要灵活一点,不一定非要把答案和食物联系,因为食品太多不好找,可以转换思维,想到文字"惊",那就是吃惊啊。

15. 巨轮上的船员,为什么手总是湿的?

答案:因为是水手。

思维训练:船员手当然要湿啊,因为在海上,有风浪会打湿船体,所以他们的

手也会湿。但这道题不能这样解释,要开动脑筋,找到它们之间的联系。船员又叫水手,水手水手,手上没有水还怎么叫水手。

16. 很久前有一座遍地是黄金的山,你知道它叫什么山吗?

答案:旧金山

思维训练:遍地是黄金的山,不就是黄金山吗?要不就是金山或者黄山。很久之前的山,经历那么多风吹雨打应该很旧了吧。咦,很旧的金山,听着是不是有点耳熟?

17. 医生问病人:"感冒吗?"病人摇摇头。"肚子疼?"病人摇头。"神经病?"病人摇头。他究竟是来看什么病的?

答案:摇头病。

思维训练:看来病人也不知道自己得了什么病,要不病人怎么一直摇头呢?而且医生也没看出来病人得了什么病。会不会有一种可能,病人不会说话,所以摇头表示呢?其实还真有一种病,病症就是一直摇头,人根本控制不了。

18. 为什么人在嘴里放一根木头就很想睡觉?

答案:因为"口"里有"木"就是"困"。

思维训练:失眠的人有好办法了,如果失眠的话,就在嘴里放块木头。我们分析一下,为什么嘴里放木头就想睡觉?想睡觉就是困了,这里有一个重点词"嘴里",也可以说是口里,在口里放木头,就是"口 + 木 = 困",大家明白了吗?

19. 凯特小姐最容易被误认为哪种动物?

答案:猫。

思维训练:凯特小姐是一个动物?主人给她取名叫凯特?这样的话,应该最容易被误认为是人类吧,因为一听就是一个人的名字嘛。其实这道题考的是英文,凯特读起来像不像"cat"?

20. 小强什么都没带,拿了手机就去超市,在超市把他喜欢的东西买回来了,可是他没有带钱和银行卡怎么把东西带出来的呢?

答案:支付宝或微信。

思维训练:现在是网络时代,支付宝和微信成为普遍的消费结算方式了,只要有手机就能买到任何东西。

21. 世界上什么东西以 2000 公里/小时的速度载人飞驰,而不用加油或者其他燃料?

答案:地球。

思维训练:题目说以 2000 公里/小时的速度飞驰,能跑这么快,只能是宇宙中的物体了。可是,如果是载人宇宙飞船,没有燃料的支持又怎么能飞进太空呢?难道是血液?血液流动特别快,可是没办法载人啊。大家有没有想到我们所在的地球,人类都在地球上生存,并且地球每天都在以高速旋转。

22. 长得望不到尽头的是什么车?

答案:堵车。

思维训练:对于长得望不到头的车,有可能是火车,因为从火车上望去,根本看不到头。可是下了火车就能看到火车头和车尾了。还有一种车也望不到头啊。这种车不是真的车,而是一种现象。路上都是它,没有办法流通,望不到尽头。

23. 针掉进海里了,怎么办?

答案:再买一根。

思维训练:"大海捞针"形容丢了东西非常难找。如果是真的有一件东西掉进海里了,先不说这大海有多深,我们能否到海里去捞出来,就说这海里的鲨鱼就够凶猛的了。如果针掉进了海里,那该怎么办呢?此题看似简单,实则一环套一环,如果还想着如何捞出来的话,那就大错特错了。因为"大海捞针"这个词已经说明"捞针"是没戏的。那就换个办法吧,只能买根新的了。

24. 4 + 4 + 4 + 4,猜一种水果。

答案:石榴。

思维训练:$4 + 4 + 4 + 4 = 16$,这怎么会跟水果有关系呢?4 如果取谐音的话就是柿子?那 4 个 4 不会是"柿子"吧?$4 + 4 + 4 + 4 = 16$,答案就是 16,也就是"石榴",多读几遍就出来了。

25. 天气寒冷,为什么只有小林全身湿淋淋的?

答案:小林在洗澡。

思维训练:奇怪啦,寒冷的天气难道小林出了很多汗?本来就会全身湿淋淋的事情只有洗澡啦。

26. 什么地方出产的名人最多?

答案:产房。

思维训练:出产名人最多的地方是大学吧?当然也有很大一部分人没有上过大学却也很成功。对于这个问题,我们还是往前追溯吧。哪个地方出产的名人最多?换种问法,问哪里出生的人最多?医院的产房是每天出生孩子最多的地方,每个名人都要从产房出生。

27. 什么东西总是牢牢吸引你,让你无法离开它?

答案:地球。

思维训练:或许有一件商品吸引你,但也不可能无法离开。所以啊,牢牢吸引我们并且让我们无法离开的,就是我们日复一日生存的地球啊。

28. 有一条路四通八达,但是我们却不能走,这是为什么?

答案:电路。

思维训练:现实生活中,我们生活中都在用电,电有它的路线,就是电路,这条路四通八达,它由很多部分组成,我们不能轻易碰电,当然也不能走。

猜字谜抢答题

1. 白萝卜　2. 汞　　3. 难以置信　4. 奶　　　5. 蜡烛　　6. 毛笔

7. 书包　　8. 月亮　9. 烟　　10. 订书机　11. 猫　　　12. 狐狸

13. 鸭子　14. 鳄鱼　15. 蝴蝶　16. 鲨鱼　　17. 珊瑚　　18. 河蚌

19. 椅子　20. 浮萍　21. 雷　　22. 手机　　23. 石榴　　24. 纽扣

25. 乌贼　26. 帽子　27. 不倒翁　28. 夫　　　29. 蜘蛛　　30. 橡皮

31. 冰箱　32. 告　　33. 丰　　34. 羽毛球　35. 耳朵　　36. 荷花

37. 飞机　38. 闪　　39. 一字千金　40. 无米之炊

后　记

　　针对当今社会教育常态和出现的一些亟待解决的问题,结合国内外教育专家前沿的教育理论,《潜教育:家教"魔方"》进一步阐明了潜教育的重要意义,并且着重实践研究。

　　本书第一作者以自己儿子为研究对象,通过十多年的教育实践和实证研究,为读者提供了80个能提升孩子各项综合技能的实操范例,旨在帮助广大读者在教育孩子的过程中更新观念、贴近孩子,整个书中始终贯穿着"快乐学习"这根主线。张婷与本书第一作者共同探究儿童教育实践,在此过程中发表了独特见解。

　　我们衷心期望家长能用爱心传递正能量,陪伴和见证孩子们快乐健康地成长、成才、成功。